W0011262

CHARLOTTE SCHÜLER

Do it yourself

Einfach plastikfrei leben

Charlotte Schüler

Do it yourself.
#Einfach plastikfrei leben

INHALT

DO IT YOURSELF – GAR NICHT SO SCHWER!

Hey!

Schön, dass du dabei bist und die Welt ein Stückchen verändern möchtest!

Bevor wir mit den Do it yourselfs anfangen, stell ich mich kurz bei dir vor. Ich heiße Charlotte, komme aus München und habe vor einigen Jahren angefangen, mein Leben immer plastikfreier zu gestalten. Der Wunsch ist mir natürlich nicht einfach ganz spontan gekommen. Das war ein längerer Prozess, erst einmal gedanklich so weit zu kommen, dass ich das wirklich anpacken möchte und dass ich meine Gewohnheiten nach und nach geändert habe, um immer mehr Plastik im Alltag einzusparen. Die Umstellungen waren mal leichter, mal etwas schwieriger, mal gingen sie superschnell, mal haben sie einige Anläufe gebraucht. Alles in allem waren die Umstellungen zu immer weniger Plastik im Leben alle machbar und hatten zum Glück nie wirklich mit Verzicht zu tun. Dann hätte das bei mir wahrscheinlich auch gar nicht so gut geklappt, denn ich wollte mein Leben nicht komplett umkrempeln und auf viel Liebgewonnenes verzichten, sondern eben möglichst nur so gestalten, dass ich nicht einen riesigen Müllhaufen auf unserer Welt hinterlasse.

Aber wie kam es eigentlich genau dazu? Den ersten Impuls dazu habe ich durch meine liebe Mama bekommen. Sie war gerade dabei, in einer kleinen Manufaktur ein Produkt zu entwickeln – ein »Kochsackerl«. Die Idee war, dass sich in dem Sackerl schon alle trockenen Zutaten für die jeweiligen Gerichte befanden. Dabei ist ihr aufgefallen, dass es nur Plastikverpackungen für Produzenten im Angebot gab. Sehr widersprüchlich natürlich, wenn man ein hochwertiges Bioprodukt aus der Region in eine Plastikverpackung packt. Also musste eine andere Lösung her. Wir haben dann zusammen in Handarbeit alle Lebensmittel in Papiertüten gepackt. Anfangs war ich natürlich verwundert, warum es meiner Mama so wichtig war, kein Plastik zu verwenden. Aber nach einigen Gesprächen und Artikeln habe ich langsam das ganze Ausmaß des Problems und die Folgen unseres Plastikkonsums begriffen.

Mit dieser Erkenntnis musste sich natürlich auch einiges zu Hause ändern. Am Anfang – das muss ich ehrlich zugeben – ist es mir nicht so leichtgefallen, weil es einfach so viele Dinge in allen Lebensbereichen betrifft und mir für viele Produkte auch keine Alternative eingefallen ist. Meine Mama hat dann recht schnell ihre Manufaktur zur Plastikfreien Zone weiterentwickelt – einem Laden in München-Haidhausen mit dazugehörigem Onlineshop. Ich habe dort öfter ausgeholfen und habe mit dem wachsenden Produktsortiment des Ladens auch immer mehr plastikfreie Alternativprodukte kennengelernt und ausprobiert. Das hat natürlich ungemein geholfen und ich wurde konstant mit dem Thema »plastikfrei leben« konfrontiert. Anfangs wurde ich da ziemlich überrumpelt, denn meine Mama hatte sich schon länger damit beschäftigt und war auch von Anfang an sehr konsequent. Da gab es Phasen, in denen ich das Gefühl hatte, dass die Veränderungen mir aufgedrängt werden und dass vieles komplizierter wird. Einmal wollte ich zum Beispiel spontan mein neues WG-Zimmer streichen. Doch meine Mama meinte, dass auch in Wandfarbe Plastik enthalten ist. Aus meinem Plan, schnell in den Baumarkt zu fahren und gleich anzufangen zu streichen, wurde erst mal nichts. Ich recherchierte einen halben Tag, wo es die plastikfreie Kreidefarbe gibt und wo ich die richtigen Farbpigmente herbekomme. Ein paar Tage später hatte ich auch alles zusammen und konnte endlich mit dem Streichen anfangen. Der ganze Aufwand hat sich natürlich gelohnt – denn wer will schon Plastik mit der Wandfarbe einatmen? Doch zu dieser Zeit schien für mich aus jedem einfachen Prozess eine komplizierte Aktion zu werden. Ich hatte für mich selbst noch nicht endgültig entschieden, dass ich bei dem ganzen Plastikkonsum nicht mehr mitmachen möchte. Daher empfand ich es als störend, wenn mir die Veränderungen aufgedrängt wurden und ich mich für jede Plastiktüte oder jede Einwegverpackung rechtfertigen musste. Ich habe mich aber schnell daran gewöhnt und mit der Zeit hat mir der neue plastikfreie Alltag auch einfach gut gefallen. Dadurch ist mir auch nochmals viel bewusster geworden, wie viel Müll wir eigentlich verursachen und wie schädlich Plastik ist.

Nachdem meine Mama den Laden eröffnet hatte, habe ich mit kleinen Schritten angefangen: Zunächst hatte ich immer eine Edelstahlflasche dabei – die mich übrigens bis heute begleitet. Eine Brotzeitbox folgte und dann kamen andere Bereiche wie mein Bad oder meine Einkäufe dazu. Natürlich gab es auch mal Rückschritte, wenn ich nicht weiterkam. Aber wenn etwas nicht geklappt hat oder für mich nicht umzusetzen war, habe ich einfach bei einer anderen Sache weitergemacht. Es gibt ja genug zu ändern. Mittlerweile betrachte ich diese Momente auch nicht mehr als Rückschritte – sie gehören zum Prozess einfach dazu. Es heißt ja nicht, dass es für immer so bleiben muss, aber manches lässt sich eben nicht von heute auf morgen verändern. Das war zum Beispiel bei meiner ersten plastikfreien Zahnbürste so. Die war aus etwas grob verarbeitetem Holz und hatte Schweineborsten. Ich war schon beim ersten Anblick nicht ganz überzeugt, aber habe es immerhin ausprobiert. Nach dem Zähneputzen war mein Mund jedoch ganz wund und einige Borsten sind während des Putzens auch ausgefallen. Für mich keine gute Lösung, deswegen habe ich vorerst meine alte Zahnbürste weiterbenutzt. Das war natürlich nicht der Punkt, an dem das ganze Plastikfrei-Projekt gescheitert ist. Statt bei der Zahnbürste habe ich dann lieber woanders nach einer Lösung gesucht.

So ging das etwa zwei Jahre und ich habe immer Stück für Stück plastikfreie Alternativen in mein Leben einziehen lassen. Dann bin ich im Jahr 2016 von meiner WG in eine eigene Wohnung gezogen – zum Glück nur mit einigen Koffern und Kisten. Als ich zum ersten Mal die komplett leeren Zimmer gesehen habe, wurde mir klar: Hier sollte kein Plastik (beziehungsweise so wenig wie möglich) einziehen. In der eigenen Wohnung konnte ich ganz andere Sachen durch plastikfreie Alternativen ersetzen als noch in der WG. Manches ging schnell, manches wiederum war etwas schwerer. Da ich in der Zeit so viel neues Wissen rund ums plastikfreie Leben gesammelt habe und ich zeigen wollte, dass der umweltbewusste Alltag nicht langweilig sein muss, habe ich angefangen, meinen Weg ins plastikfreiere Leben online zu dokumentieren. Zuerst habe ich die Alternativprodukte mit Bildern aus dem Alltag auf meinem Instagram-Account @plastikfrei_leben gezeigt. Da die Texte unter den Bildern schnell immer länger wurden und ich mich zu der Zeit sowieso in meiner Ausbildung als Mediengestalterin mit Websitedesign beschäftigt habe, kam im Herbst 2016 noch der Blog Plastikfreileben.de hinzu. Seitdem folgt mir eine motivierte Community auf den Accounts und der Austausch macht großen Spaß.

Mittlerweile gibt es viele Projekte rund ums plastikfreie Leben. Ich gebe nicht mehr nur online meine Tipps weiter, sondern bin auch in ganz Deutschland mit Vorträgen und Workshops unterwegs. Im April 2019 ist mein erstes Buch *Einfach plastikfrei leben* erschienen und seit Februar 2020 könnt ihr euch meine Tutorials rund um den Alltag ohne Plastik auf dem Portal Sinnsucher.de ansehen.

Als ich mit den Veränderungen begonnen habe, war ich noch ein ganz schöner Paradiesvogel und ich wurde oft verwundert angesehen, wenn ich auf Plastik verzichtet habe. Aber seitdem hat sich zum Glück enorm viel entwickelt. Immer mehr Menschen haben sich für ein plastikfreies Leben entschieden und es gibt immer mehr Möglichkeiten, Plastik einzusparen. Durch die wachsende Zielgruppe konnten sich auch viele neue Firmen entwickeln und Produkte auf den Markt bringen, die es uns erleichtern, ohne Plastik zu leben, oder es wandern auch wieder zahlreiche Produkte in die Läden, die schon unsere Großeltern benutzt haben. Dank der größeren plastikfreien Sortimente und immer mehr Unverpackt-Läden auch in kleineren Städten wird der Verzicht auf Plastik immer einfacher. Jeden Tag fangen noch mehr Leute damit an und es ist eine tolle große Bewegung entstanden. Schön, dass du auch dabei bist! ☺

Basics rund ums plastik- freie Leben

#EINFACHPLASTIKFREILEBEN

Unser steigender Plastikkonsum und die damit einhergehenden Probleme für Mensch und Natur sind zurzeit zwar in aller Munde, aber Veränderungen geschehen nur sehr vereinzelt und Verantwortung wird oft abgeschoben. Es wird viel geredet und diskutiert, aber noch zu wenig umgesetzt. Ich finde, es ist an der Zeit, dass wir aktiver werden und noch viel mehr verändern. Jeder Einzelne von uns! Natürlich entstehen viel Verschmutzung und Müll durch die Industrie, aber eben auch ein Großteil durch den Konsum unserer Privathaushalte. Deshalb kann auch jeder Einzelne von uns einiges zum Besseren verändern und zum Umweltschutz beitragen. Es ist höchste Zeit, dass wir anfangen, in unseren Haushalten genau hinzusehen und unsere Lebensstile zu überdenken.

Nach meinem ersten Buch mit einem Vier-Schritte-Programm für ein plastikfreies Leben habe ich mich entschieden, mich diesmal ganz auf das Selbermachen zu konzentrieren. Denn viele der verpackten Produkte, die wir in unserem Alltag benutzen, können wir ohne viele Zutaten selbst herstellen. Ich zeige dir anhand von vielen DIY-Rezepten, persönlichen Tipps, Low-Budget-Hacks und Checklisten, wie du deinen Plastikkonsum ganz einfach minimieren kannst.

Das Buch eignet sich für dich, wenn du gerade erst anfängst, dich mit der Thematik zu beschäftigen, und du nach einem guten Start ins plastikfreie Leben suchst. Aber auch wenn du schon länger dabei bist, wirst du viele spannende Tipps und Anleitungen finden. Vor allem die Rezepte und meine persönlichen Tipps sind für Fortgeschrittene interessant.

Wie immer ist es mir wahnsinnig wichtig, dass du dich nicht überrumpelt fühlst, sondern diese wichtige Umstellung in deinem eigenen Tempo machst. Nur wenn jeder von uns – langfristig und nachhaltig – weniger Plastik konsumiert, hat es eine große Wirkung auf

Schon gesehen?

In meinem ersten Buch **#Einfach plastikfrei leben** *findest du ein Vier-Schritte-Programm für einen nachhaltigen Alltag: Ich verrate dir darin schnelle, effektive Veränderungen für den Einstieg, zeige dir, wie du auf Mehrweg statt Einweg setzen kannst, wie du Mikroplastik vermeidest und welche langfristigen Veränderungen du in Angriff nehmen kannst. Es ist eine wunderbare Ergänzung zu diesem Ratgeber!*

unseren gesamten Plastikkonsum. Lass dich von dem Begriff »plastikfrei leben« nicht abschrecken. Ich persönlich sehe es als Ideal, dem wir uns Stück für Stück annähern. Wir müssen nicht alle sofort zu 100 Prozent auf Plastik verzichten. Wir kommen viel schneller an das große Ziel, unseren Plastikkonsum in größeren Mengen zu reduzieren, wenn möglichst viele Leute anfangen, »unperfekt« plastikfrei zu leben. Unzählige kleine Schritte sind viel besser und verändern mehr, als wenn nur ganz wenige Menschen vollkommen perfekt plastikfrei leben. Lasst uns gemeinsam immer nachhaltiger leben und nach und nach immer mehr Plastik einsparen!

WARUM SOLLEN WIR PLASTIK VERMEIDEN?

Obwohl die Aufmerksamkeit rund um Plastikmüll immer größer wird und immer wieder von den negativen Auswirkungen auf uns sowie auf die Umwelt hingewiesen wird, fällt es doch am Anfang schwer, mit Veränderungen anzufangen. Ich bin ja sowieso der Meinung, dass Umstellungen nur dann klappen, wenn man wirklich für sich selbst entschieden hat, dass der richtige Zeitpunkt dafür gekommen ist. Wenn man nicht komplett überzeugt ist,

Lass dich nicht demotivieren!

Ganz wichtig ist mir auch, dass du dich nicht vom sogenannten »Ökoshaming« und »Whataboutism« demotivieren lässt.

Ökoshaming: Wenn sich jemand dazu bekennt, mehr auf die Umwelt achten zu wollen, wird er oft von anderen kritisiert, wenn er für etwas noch keine perfekte Lösung hat. Das ist leider oft der Fall, weil es vor allem beim Thema Umwelt eine Weile dauert, bis man in allen Lebensbereichen etwas verändert hat.

Whataboutism: Oft wird in Diskussionen vom eigentlichen Thema abgelenkt und auf eine andere Problematik verwiesen. Jemand verkündet zum Beispiel, dass er ab sofort auf Plastik verzichten möchte. Dann kommen Entgegnungen wie: »Warum fährst du dann trotzdem noch mit dem Auto?«

Beide Verhaltensweisen bringen uns überhaupt nicht weiter, verbreiten nur schlechte Stimmung und führen sogar dazu, dass sich einige gar nicht mehr trauen, etwas zu sagen oder zu verändern. Doch es ist immer gut, sich mit einem so wichtigen Thema wie Umweltschutz zu beschäftigen und Verbesserungen selbst in die Hand zu nehmen. Lasst euch durch negative Kommentare nicht irritieren. Ich versuche, solche Gespräche immer wieder in eine positivere Richtung zu lenken. Anstatt immer die Fehler bei anderen zu suchen, sollten wir uns gegenseitig bestärken und unterstützen.

sind die ersten Schritte furchtbar schwer und anstrengend. Da ich auch eine gewisse Zeit gebraucht habe, bis ich bereit für das plastikfreie Leben war, habe ich dir gleich zu Beginn des Buches eine Übersicht mit den wichtigsten Gründen für einen nachhaltigeren Lebensstil zusammengestellt. Ich finde, solche Übersichten helfen auch, wenn es gerade nicht so gut klappt oder wenn du zwischendurch nicht so motiviert bist. So kannst du dir immer wieder in Erinnerung rufen, warum dein Beitrag sinnvoll ist – und unglaublich wichtig.

1. GEWÄSSERVERSCHMUTZUNG

Unsere Gewässer sind mittlerweile riesige Müllhalden geworden, darunter leiden die Bewohner dieser Lebensräume und unsere Wasserqualität. Wusstest du, dass Plastik auf den unterschiedlichsten Wegen im Meer landet?

Schifffahrt/Fischerei

Plastikmüll landet durch die Schifffahrt und Fischerei direkt vom Meer im Meer. Immer wieder kommt es vor, dass Müll illegal im Meer entsorgt wird. Unter anderem bei Kreuzfahrten, da wird zum Beispiel immer wieder der während der Fahrt anfallende Müll im Meer entsorgt. Das liegt unter anderem daran, dass die Schiffe eine Müllgebühr an den Häfen zahlen müssen und es günstiger ist, den Müll verbotenerweise vorher loszuwerden. Bei der Fischerei landet der Müll durch sogenannte Geisternetze im Meer – das sind herrenlose Fischernetze, die durch Stürme oder Unfälle ins Meer gelangen. Im Wasser sind sie eine tödliche Gefahr für die Meeresbewohner und mit der Zeit tragen sich die Kunstfasern der Netze ab, verfallen zu immer kleineren Stücken, sodass sie irgendwann als unsichtbares Mikroplastik im Meer umhertreiben.

Strände/Küstengebiete

Ein beachtlicher Teil unseres Plastikmülls landet in unseren Gewässern: Er kann in unmittelbarer Wassernähe liegen gelassen worden sein, durch den Wind seinen Weg dorthin gefunden haben oder von unserer heimischen Mülltonne in ein anderes Land verschifft worden und dort im Wasser gelandet sein. Von den Gewässern wird der Müll dann immer weiter ins Meer transportiert. Im Wasser zerfallen die Müllstücke durch Sonneneinstrahlung sowie den Wellengang in immer kleinere Stücke.

Mikroplastik

Mikroplastik landet nicht nur durch die Zerteilung größerer Plastikstücke im Wasser, sondern kann auch direkt in unser Wassersystem gelangen. Das kann zum Beispiel durch Kosmetikprodukte passieren, die Mikroplastik enthalten. Wäscht man sie ab, gelangt das Mikroplastik in unser Abwassersystem und kann dort nicht mehr hinausgefiltert werden. Genauso gelangen kleine Kunstfaserstückchen aus Synthetikkleidung mit jedem Waschgang in unser Abwasser. Auch durch den Reifenabrieb, der mit dem nächsten Regen in unsere Kanalisation gespült wird, gelangt Mikroplastik in unseren Wasserkreislauf.

Mittlerweile gibt es einige Projekte wie zum Beispiel »The Ocean Cleanup«, die sich intensiv damit beschäftigen, das Meer von unserem Müll zu säubern. Bisher erweist sich das Ganze jedoch als ein kompliziertes Unterfangen, aber wen wundert das auch? Schließlich haben wir längst Millionen Tonnen Müll in unsere »Müllkippe Meer« abgeladen. Deshalb – und weil Vorsorge immer besser als Nachsorge ist – sollten wir von Anfang an verhindern, dass es nicht so weit kommt und wir viel weniger Müll produzieren.

Fakten zum Plastik im Meer

- *Jede Minute landet etwa eine Lkw-Ladung Plastikmüll in unseren Gewässern.*
- *893 000 Mikroplastikpartikel schwimmen pro Quadratkilometer im Rhein.*
- *Ca. 86 Millionen Tonnen Plastik sind mittlerweile im Meer gelandet.*
- *Laut einer Schätzung der Ellen MacArthur Foundation wird im Jahr 2050 mehr Plastik im Meer schwimmen als Fische.*

2. GESUNDHEITLICHE AUSWIRKUNGEN

In unserem Alltag kommen wir ständig mit Plastik in Berührung und nehmen es auch in uns auf. Das kann auf den unterschiedlichsten Wegen geschehen:

- Hautkontakt (zum Beispiel durch Kleidung, Oberflächen, Verpackungen),
- Atemwege (zum Beispiel Mikroplastik),
- orale Aufnahme (zum Beispiel durch in Plastik verpackte Lebensmittel, Wasser aus Plastikflaschen).

Wir nehmen im globalen Durchschnitt pro Woche bis zu 5 Gramm Mikroplastik in uns auf. Das entspricht dem Gewicht einer Kreditkarte. Aber es geht natürlich nicht nur uns so. Auch andere Lebewesen leiden unter Plastikmüll, besonders die Bewohner unserer Gewässer. So ist es sogar schon so weit gekommen, dass Fische unter anderem durch heraustretende Schadstoffe der Weichmacher hormonell beeinträchtigt sind.

3. RESSOURCENVERSCHWENDUNG

Wie viele Erden bräuchten wir, wenn alle Menschen
so leben würden wie die Bewohner*innen von ...

USA	5,0	🌍🌍🌍🌍🌍
Deutschland	3,0	🌍🌍🌍
Großbritannien	2,7	🌍🌍🌍
Frankreich	2,7	🌍🌍🌍
China	2,2	🌍🌍◖
Gesamte Welt	1,75	🌍🌍

17

Die Ressourcen unserer Welt sind begrenzt, aber die Bestände werden auf alarmierende Art und Weise aufgebraucht. Mittlerweile sind wir so verschwenderisch, dass wir den globalen Earth Overshoot Day (auf Deutsch: Weltüberlastungstag) im Jahr 2019 schon am 27. Juli erreicht haben. Zum Vergleich: Im Jahr 1997 fiel er noch auf den 19. Dezember. Momentan wären für unser Verhalten 1,75 Planeten notwendig. Wenn wir so weitermachen wie bisher, bräuchten wir laut Schätzungen im Jahr 2050 sogar fünf Planeten. Das zeigt ganz deutlich: Unser verschwenderisches Verhalten ist auf Dauer einfach nicht mehr tragbar.

Wichtige Fakten

- 1950 wurden weltweit etwa 1,5 Millionen Tonnen Plastik produziert, mittlerweile ist es mit 300 Millionen Tonnen schon das 200-Fache.
- 44 Prozent des insgesamt hergestellten Plastiks wurden erst seit dem Jahr 2000 produziert.
- 50 Prozent des verwendeten Plastiks wird bereits nach einmaliger Nutzung weggeworfen, obwohl das widerstandsfähige Material mindestens 500 Jahre braucht, bis es abgebaut wird.
- Jährlich werden in Deutschland zwei Milliarden Plastiktüten verbraucht.

Das sind nur einige Beispiele für unseren erschreckend hohen Plastikkonsum. Diese Fakten wären ja allein schon erschreckend und Grund genug, um endlich was zu verändern. Aber es gibt natürlich noch viel mehr … Wenn du dich noch mehr in das Thema einlesen möchtest, kann ich dir den Plastikatlas der Heinrich Böll Stiftung ans Herz legen. Dort gibt es tolle Zahlen, Fakten und Grafiken zu unserem akuten Müllproblem.

In diesem Buch liegt der Schwerpunkt nicht auf der Theorie, sondern auf der Praxis. Ich möchte dir zeigen, wie du deinen Plastikkonsum reduzieren und den Problemen vorbeugend entgegenwirken kannst.

TIPPS FÜR DEN EINSTIEG

1. BENUTZE ZUNÄCHST, WAS DU SCHON HAST.

Auf der Suche nach plastikfreien Alternativen findest du unzählige neue schöne Produkte. Das ist auch gut so: Viele der Produkte sind toll und ich benutze sie total gerne. Es sollte aber nicht der Eindruck entstehen, dass du für dein plastikfreies Leben erst einmal ganz viel Neues einkaufen musst. Das wäre ja auch nicht nachhaltig! Deswegen verwende erst mal das, was du ohnehin schon zu Hause hast, um Müll zu vermeiden (siehe auch meine Low-Budget-Tipps ab Seite 21).

2. NIMM DIR EINE VERÄNDERUNG NACH DER ANDEREN VOR.

Ich weiß, am Anfang kribbelt es einen in den Fingern und man will gleich alles Plastik aus dem Leben verbannen. Die Anfangsmotivation ist sehr nützlich, denn sie schenkt einem viel Energie. Aber vielleicht hast du auch das Gefühl, vor einem erdrückenden Berg von noch zu lösenden Problemen zu stehen, und bekommst den Eindruck, keine Fortschritte zu machen. Dann atme einmal durch und schau dir an, was du schon erreicht hast. Setze dir am besten viele kleine Ziele, die du leicht im Alltag in Angriff nehmen kannst. Das Wichtigste ist, dass wir kontinuierlich am Ball bleiben.

3. STARTE MIT EINEM FOTO!

Fotografiere am ersten Tag den Inhalt von deiner Mülltonne und wiederhole dies alle ein bis zwei Wochen. Höchstwahrscheinlich würdest du das sonst nicht machen, aber gerade am Anfang ist es total hilfreich. Du siehst dann zum einen gleich, wo der größte Anteil an

Plastikmüll in deinem eigenen Haushalt herkommt, und kannst sofort anfangen, diese Probleme nach und nach zu lösen. Zum anderen kannst du an Bildern auch deinen Fortschritt sehen, denn der Müll wird sicher von Woche zu Woche viel weniger werden.

4. LASS DICH DURCH ÖKOSHAMING NICHT VERUNSICHERN.

Immer mal wieder kommt es vor, dass man sich rechtfertigen muss, wenn man in einer Gruppe erzählt, was man aktuell für nachhaltige Veränderungen versucht. Auf einmal wird jeder Schritt und jede Tat unter die Lupe genommen und auf einmal kommen Sätze wie: »Ist ja schön, dass du Plastik vermeiden möchtest, aber …« Dann werden alle möglichen Dinge aufgezählt, die vermeintlich noch umweltschädlicher sind. Anstatt andere zu ermutigen, wenn sie etwas Neues versuchen, wird oft die Nadel im Heuhaufen gesucht. Es gibt viele Dinge, die man nachhaltiger gestalten kann, und man ist nicht so schnell am Ziel. Aber ich finde es am wichtigsten, dass man irgendwo anfängt. Leg dir für solche Situationen einfach ein paar passende Sätze zurecht und vielleicht kannst du die anderen durch einige Beispiele überzeugen, dass jeder Einzelne viel bewirken kann und dass lauter kleine Veränderungen auch viel bringen.

5. ANFÄNGE SIND VIEL SCHWERER, WENN MAN SIE ALLEIN IN ANGRIFF NIMMT.

Es ist es schön und hilfreich, eine Gruppe zu haben und sich über seine Plastikfrei-Erfolge austauschen zu können. Wenn deine Freunde nicht gleich bei deinem neuen Lebenswandel dabei sind, findest du auch anderswo Anschluss zu Gleichgesinnten – offline wie online. In vielen Städten gibt es mittlerweile »Plastikfrei-Stammtische«, die entweder von den Unverpackt-Läden oder andere Organisatoren ins Leben gerufen wurden. Sie sind super, um sich vor allem über plastikfreie Einkaufsmöglichkeiten in der eigenen Stadt zu informieren. Es gibt auch ganz viele Online-Communitys, manchmal ist allerdings der Ton bei Diskussionen sehr angreifend und hart. Trotzdem bin ich Mitglied von einigen, weil dort ein riesiges

Schwarmwissen versammelt ist. In der Regel finde ich die ganze grüne Community aber sehr hilfsbereit, motivierend und respektvoll.

6. TRAU DICH EINFACH!

Zu Beginn war ich immer sehr, sehr schüchtern, wenn ich etwas Neues ausprobiert habe. Ich stand zum Beispiel ganz verunsichert mit meiner eigenen Box vor dem Verkäufer an der Frischetheke und äußerte meinen Extrawunsch, mir das Essen dort hineinfüllen zu lassen. Ich weiß gar nicht, was ich Schlimmes erwartet habe. Es wird wohl kaum jemand sagen: »Ach, du willst Müll vermeiden? Das ist ja unsinnig.« Stattdessen kamen immer positive Rückmeldungen, auch wenn die Mitarbeiter*innen manchmal unsicher wegen der Hygienevorschriften waren. Dann bin ich einfach in einen anderen Laden gegangen und habe es dort erneut probiert.

Meine allgemeinen Tipps erleichtern dir hoffentlich den Einstieg und bringen etwas mehr Struktur in das Plastikchaos. Als Nächstes zeige ich dir ein paar Dinge aus deinem Haushalt, mit denen du gleich anfangen kannst, keinen Müll mehr zu produzieren und Einwegprodukte zu ersetzen. Vor allem unterwegs sind sie sehr hilfreich. Und das Beste daran: Du brauchst dafür überhaupt kein Geld ausgeben!

LOW-BUDGET-TIPPS

Oft werde ich gefragt, ob das plastikfreie Leben nicht unglaublich teuer ist. Wenn man sich über die ersten plastikfreien Alternativen informiert oder einfach mal in einem plastikfreien Laden stöbert, kann einen das Gefühl überkommen, dass man für diesen Lebensstil viel Geld ausgeben muss. Aber da kann ich dich beruhigen: Die Reduzierung von Müll ist nicht unbedingt gleich mit hohen Kosten verbunden. Die plastikfreien Lösungen wirken auf den ersten Blick teurer: Eine Edelstahlflasche kostet zum Beispiel mehr als eine Plastikflasche, doch dafür benutzt du sie auch viel länger – meine verwende ich schon seit mehr als sechs Jahren jeden Tag.

Du kannst es langsam angehen lassen und vor allem am Anfang geht es darum, zunächst die Dinge zu verwenden, die du sowieso schon zu Hause hast. Um dir den Einstieg zu erleichtern, findest du hier meine wichtigsten plastikfreien Tipps, für die du kein – oder nur sehr wenig – Geld ausgeben musst.

TO-GO-GESCHIRR

Statt dir neues To-go-Geschirr zu kaufen, kannst du erst mal deinen Teelöffel oder deine Kuchengabel von zu Hause nutzen. Sie sind schön klein und passen in fast jede Brotzeitbox – oder du steckst sie einfach geschützt von einem Stofftuch in deine Tasche. Wenn ich Freunde im Café treffe, nehme ich zusätzlich noch meinen wiederverwendbaren Strohhalm mit.

TO-GO-CUP

Wenn du es mal eilig hast und deinen Coffee to go trinken möchtest, dann nimm dir doch einfach eine große Tasse von daheim mit. Darin kannst du auch gleich Kaffee von daheim mitnehmen oder du lässt sie dir im nächsten Café befüllen – das geht natürlich auch mit anderen Getränken.

GURKENGLAS

Das einfache Gurkenglas ist mein Lieblingsprodukt unter den Zero-Waste-Gegenständen, denn es ist ein echter Alleskönner. Du kannst jedes leere Glas mit Deckel dazu verwenden, um dir eine Brotzeit mitzunehmen oder etwas vom Foodtruck zu holen. Genauso eignen sie sich für Getränke oder zum unverpackten Einkaufen an der Frischetheke. Ich habe zur Sicherheit immer eins dabei, wenn ich tagsüber viel unterwegs bin.

STOFFBEUTEL

Auch um beim Bäcker oder um Gemüse, Obst oder trockene Lebensmittel einzukaufen, brauchst du erst mal nichts Neues. Benutz dafür einfach deine Stoffbeutel, die du daheim hast. Damit du auch beim Zahlen Geld sparst, sticke das jeweilige Gewicht in die Beutel beziehungsweise beschrifte das Etikett, damit an der Kasse gleich das Gewicht des Beutels abgezogen werden kann. Dann macht es auch nichts, wenn du noch nicht die leichten Stoffbeutel hast, sondern erst mal deine gröberen Jutebeutel verwendest.

Mit diesen Dingen kannst du besonders unterwegs Müll vermeiden, ohne dass du in etwas Neues investieren musstest. Am nachhaltigsten ist es, möglichst wenig Dinge neu zu kaufen, und deshalb findest du im Buch noch ganz viele weitere Tipps rund um einen Lebenswandel, der für die Welt und deinen Geldbeutel gut ist. Alle Do it yourselfs und Rezepte, die sich super für einen Low-Budget-Einstieg eignen, haben wir mit folgendem Icon gekennzeichnet:

Manchmal werde ich gefragt, was ich Fortgeschrittenen für Tipps zur Plastikvermeidung geben kann. Wenn du mit den ersten Veränderungen begonnen hast und sie erfolgreich in den Alltag integriert hast, wird es langsam ganz selbstverständlich, kein Plastik mehr zu verwenden, und du denkst dann gar nicht mehr groß darüber nach. Dann besteht die größte Herausforderung darin, dein plastikfreies Leben auch langfristig und nachhaltig auszuüben.

MEINE TIPPS FÜR FORTGESCHRITTENE

KREATIV

Immer mal wieder komme ich in Situationen, in denen ich mit potenziellem Müll konfrontiert bin und nicht weiß, wie ich ihn vermeiden soll. Nach etwas Überlegen fällt mir aber meist eine Lösung ein, die anfangs vielleicht ein bisschen ungewohnt ist, aber den Zweck erfüllt. Meistens passiert mir das unterwegs bei der Verpflegung. Hier ein paar Beispiele von meinen unkonventionellen plastikfreien Lösungen:

- Coffee-to-go-Becher, in den ich ein Gericht wie Nudeln fülle,
- meine Trinkflasche verwende ich auch mal für Suppe,
- statt mittags auf einer Veranstaltung mit Einweggeschirr zu essen, mache ich lieber einen kleinen Spaziergang, suche ein Lokal und esse dort etwas.

Wenn man das liest oder gesagt bekommt, klingt das wahrscheinlich nicht außergewöhnlich oder schwierig. Es ist einfach nur etwas gewöhnungsbedürftig, in verschiedenen Situationen spontane plastikfreie Lösungen zu finden. Am Anfang ist es sicher ein bisschen schwer, den Alltag mit den ganzen anderen Umstellungen zu meistern – aber du wirst sehen, sicher fällt es dir wie mir mit der Zeit immer leichter.

KONTINUIERLICH

Wenn die erste Euphorie verflogen ist, können manche Umstellungen eher belastend wirken. Vor allem, wenn das Leben gerade von anderem Trubel bestimmt wird und der Alltag recht stressig ist. Dann ist es besonders wichtig, nicht aufzugeben und weiterzumachen. Wie wäre es, wenn du eine Liste anlegen und genau festhalten würdest, welche Dinge du schon durch plastikfreie Lösungen ersetzt hast und worauf du in nächster Zeit noch verzichten möchtest? Oder du schaust dir einfach mal anhand deiner Müll-Fotos an, was du schon erreicht hast und wie viel weniger Müll mittlerweile pro Woche anfällt. Es motiviert dich bestimmt, wenn du dir deine Ziele immer wieder vor Augen führst. Der Spaß soll natürlich auch nicht zu kurz kommen: Wenn du dich nur schwer zu Veränderungen motivieren kannst, ist vielleicht eine Challenge etwas für dich (siehe ab Seite 166)?

INSPIRIEREND

Ich finde, dass wir mit unseren eigenen Handlungen auch immer wie eine Werbetafel für unseren bevorzugten Lebensstil sind. Wenn du früher vielleicht bei deinen Einkäufen Tüten mit großen Markennamen herumgetragen hast und für nicht so nachhaltige Unternehmen Werbung gemacht hast, kannst du jetzt dein Auftreten nutzen und andere zu einem plastikfreien Leben inspirieren. Dabei finde ich es immer wichtig, positiv zu bleiben und andere nicht anzugreifen. Ich stelle immer gerne neue plastikfreie Produkte vor und lege dabei den Fokus auf die Vorteile für mich. Meistens sage ich erst mal: »Mein neues Shampoo macht meine Haare schön weich und glänzend.« Dann ergänze ich: »Und übrigens gibt es das Shampoo in fester Form, also spart man gleich noch die Verpackung ein und tut etwas Gutes für die Umwelt.«

Vorteile des Produkts oder des Verhaltens	+	Vorteile für die Umwelt	=	Positive Inspiration + Anreiz zum Ausprobieren

So – jetzt geht es aber los. Ich wünsche dir ganz viel Erfolg und Freude in deinem plastikfreien Alltag. Und immer daran denken: Höhen und Tiefen sind ganz normal. Manchmal fallen einem Veränderungen leicht, manchmal etwas schwerer. Setz dich wie gesagt am Anfang nicht zu sehr unter Druck, alles von einem Tag auf den anderen auf plastikfrei umzustellen. Das geht nicht von heute auf morgen! Mit diesem Buch nähern wir uns alle gemeinsam und schrittweise dem Ideal des plastikfreien Lebens an.

Do it yourself!

Produkte selber zu machen macht viel Spaß, entspannt einen nach einem stressigen Tag und man hat den großen Vorteil, dass man genau weiß, was in den Produkten drin ist, und kennt ihre Herkunft. Noch dazu sind die selbst gemachten Produkte meistens sehr viel günstiger als die zu kaufenden Alternativen. Trotz der ganzen Vorteile möchte ich betonen, dass man nicht alle Produkte selber machen muss, um den eigenen Plastikmüll zu reduzieren. Wenn du weniger Zeit im Alltag hast, kannst du die Produkte natürlich auch kaufen. Ich mag die Mischung aber ganz gerne, denn durch die DIYs habe ich einen viel bewussteren Umgang zu den Produkten entwickelt. Ich probiere gerne neue Anleitungen und Rezepte aus, entwickle meine eigenen Ideen und bin ein großer Fan von nachhaltigen DIYs. Ob Stoffbeutel, Rouge oder Ofenreiniger – es gibt so viele tolle Möglichkeiten für nachhaltige Alternativen. Viele stellen sich das viel komplizierter vor, als es in Wirklichkeit ist. Damit ihr nicht ewig herumexperimentieren müsst, findet ihr in diesem Buch meine Lieblings-DIYs. Alle habe ich selbst getestet und lange an den besten Zusammensetzungen gefeilt.

Der DIY-Teil – das Herzstück dieses Buches – ist in vier Bereiche strukturiert: Bad, Haushalt, Lebensmittel und Unterwegs. Überall kannst du jeweils sehr viel Plastik durch kleinere Veränderungen einsparen und du findest Anregungen für alle möglichen Situationen und für unterschiedliche Bedürfnisse.

Selbst gemacht ist aber nicht automatisch auch nachhaltig. Bei den Do it yourselfs solltest du deshalb zum Beispiel auf diese Aspekte achten:

- Verpackung der Zutaten: Die frischen unverpackten Zutaten findest du im Unverpackt-Laden, auf dem Markt, im Obst- und Gemüseladen oder im Biomarkt. Ansonsten kannst du in Onlineshops nachfragen, ob ein Produkt plastikfrei versendet wird, beziehungsweise die Händler darum bitten.
- Onlinebestellungen: Wenn du etwas nur online findest, kannst du dich mit Freunden zu einer Sammelbestellung zusammenschließen oder du schaust, ob du noch mehr Sa-

chen gebrauchen könntest. Dann muss der Paketbote nicht wegen einem kleinen Produkt zu dir nach Hause fahren.

- Herkunft: Wenn du Zutaten zum Kochen und für DIYs kaufst, ist es wichtig, darauf zu achten, woher sie stammen.

- Energie sparen: Ich achte darauf, dass ich möglichst energiesparende Geräte besitze. Aber auch kleine Veränderungen helfen: Wenn ich den Ofen für ein DIY brauche, schalte ich ihn nicht nur wegen einer Kleinigkeit an. Neben den Müsliriegeln mache ich mir dann zum Beispiel noch einen Auflauf als Abendessen. Meine frisch gekochte Brühe stelle ich nicht heiß ins Gefrierfach, sondern lasse sie draußen erst abkühlen.

Gläser kennzeichnen

Die Produkte können zum Teil sehr ähnlich ausschauen und du verwechselst sie leicht, obwohl sie für einen ganz anderen Zweck bestimmt sind. Vor allem in der Küche, wo du Putzmittel und Lebensmittel nah beieinander aufbewahrst, kann das wirklich gefährlich werden.

So kannst du deine selbst gemachten Produkte zum Beispiel kennzeichnen:

1. *Befestige einen beschrifteten Zettel mit einer Schnur an den Behältnissen.*
2. *Klebe ein Etikett auf die Gläser.*
3. *Verwende unterschiedliche Gläser für die einzelnen Produkte.*
4. *Male auf die Gläserdeckel jeweils einen farbigen Kreis — und merke dir, wofür die einzelnen Farben stehen.*
5. *Male die Deckel entweder mit Tafelfarbe an oder kaufe schon mit Tafelfarbe bestrichene Deckel.*

Bad

Ich fange mit dem Bad an, da es einer der leichteren Bereiche für die plastikfreie Umstellung ist. Warum das so ist? Wenn du im Bad zum Beispiel Zahnputztabletten oder festes Shampoo kaufst beziehungsweise selber machst, kannst du diese Produkte erst einmal eine Weile benutzen und musst nicht jeden Tag aufs Neue darauf achten, dass du kein Plastik konsumierst. Es ist also der perfekte Einstieg, um sich an die plastikfreien Alternativen zu gewöhnen. Du siehst auch schnell die ersten Erfolge im Bad. Ist es nicht schön, wenn auf einmal nicht mehr zahlreiche Plastikflaschen am Badewannenrand stehen, sondern du mehr Platz hast und es durch die feste Seife auch viel ordentlicher aussieht?

Zum Umstieg gilt aber natürlich auch im Bad die Regel: Erst das Alte verbrauchen, bevor du etwas Neues kaufst. Das ist besonders wichtig, um keine Ressourcen zu verschwenden. Es gibt aber für mich eine Ausnahme, und das sind Produkte, in denen Mikroplastik enthalten ist. Mikroplastik wird in Kosmetik unter anderem als Füll- und Schleifmittel eingesetzt. Diese Miniplastikteilchen kommen dann während der Anwendung mit unserer Haut in Berührung und wenn wir sie abwaschen, gelangen sie direkt ins Abwasser und können aufgrund ihrer Größe nicht mehr herausgefiltert werden. So landen sie in unseren Wasserkreislauf. Damit du das verhindern kannst, kontrolliere die Produkte in deinem Badezimmer am besten mit der App Codecheck. Dafür scannt man nur den Barcode des Produkts und sieht dann direkt, ob Mikroplastik enthalten ist oder nicht. Alle Produkte mit Mikroplastik habe ich umgehend entsorgt, das waren bei mir unter anderem Shampoo, Make-up, Glitzer-Eyeshadow und Zahnpasta. Die anderen Produkte habe ich bis zum Ende aufgebraucht und dann erst durch plastikfreie Alternativen ersetzt.

Wenn du durch das Angebot für plastikfreie Bad-Alternativen stöberst, wirst du schnell merken, dass es viele der zu kaufenden Produkte in fester anstatt in flüssiger Form gibt. Das hat zwei große Vorteile. Zum einen können Produkte in fester Form sehr viel einfacher unverpackt angeboten werden und zum anderen sparen sie vor allem beim Transportweg CO_2 ein. Das liegt daran, dass die festen Produkte konzentrierter sind, da ihnen Wasser entzogen wurde. Ein festes Shampoo für 30 Haarwäschen ist also sehr viel leichter und kleiner als ein flüssiges Shampoo für genau die gleiche Menge an Haarwäschen.

Was mir noch wichtig ist: Gib den Produkten eine Chance. Oft höre ich Sätze wie »Ja, ich habe einmal plastikfreie Zahnpasta ausprobiert, aber das war wirklich gar nichts für mich. Ich benutze jetzt wieder meine alte«. Aber nur weil ein Produkt von einer Marke nicht das richtige war, heißt es nicht, dass es nicht dennoch ein passendes plastikfreies Produkt für dich gibt. Mittlerweile ist das plastikfreie Sortiment so groß, dass es zahlreiche Varianten gibt und du bestimmt das Passende für dich finden kannst. Bei in Plastik verpackten Produkten ist es ja manchmal auch so, dass ein Shampoo zum Beispiel nicht so gut für die Haare ist und man lieber eins von einer anderen Firma benutzt.

DIE PLASTIKFREIE GRUNDAUSSTATTUNG

- Zahnputztabletten: Das ist Zahnpasta in fester Form. Du nimmst eine Tablette in den Mund, zerkaust sie und fängst dann mit der angefeuchteten Zahnbürste an zu putzen. Am Anfang ist es etwas gewöhnungsbedürftig, da du nicht so viel Schaum im Mund hast. Aber ich habe mich schnell daran gewöhnt! Wenn Zahnputztabletten nichts für dich sind, findest du in Drogerien auch Zahnpasta im Glas.
- Bambuszahnbürste: Die Zahnbürste besteht aus einem (kompostierbaren) Bambusstiel und Nylonborsten. Es gibt sie mittlerweile von zahlreichen unterschiedlichen Herstellern.
- Plastikfreie Zahnseide: Sie besteht aus einem Wildseidefaden, der mit Bienenwachs ummantelt ist, und wird in einem wiederbefüllbaren Glasflakon verkauft.
- Festes Shampoo oder Haarseife: Diese Varianten sind der perfekte Ersatz für in Plastik verpacktes flüssiges Shampoo. Alle weiteren Details dazu kannst du ab Seite 86 nachlesen.
- Feste Handseife und Körperseife: Statt in Plastikflaschen verpackte Flüssigseife hol dir lieber ihre festen Alternativen ins Badezimmer.
- Seifenigel oder Luffaschwamm: Damit die Seifen gut trocknen können, kannst du sie auf einen Seifenigel aus Kokosfasern und einen Luffaschwamm legen.
- Wiederverwendbare Abschminkpads: Die Abschminkpads bestehen meist aus einem weichen, festen Baumwollstoff und können immer wieder gewaschen werden.
- Rasierhobel oder Systemrasierer aus Edelstahl: Die Rasierer kannst du quasi vererben, denn da sie aus Edelstahl sind, gehen sie nicht kaputt. Alles, was du hin und wieder einmal auswechseln musst, sind die Klingen.
- Deo: Es gibt sie in den verschiedensten Varianten und du hast die Wahl zwischen Deocremes im Glastiegel, festem Deo, Deokristallen, Sprühdeos in der Glasflasche (allerdings mit kleinem Plastikdeckel) oder Roll-on-Deos in einer Papprolle.

- Naturbürste: Lass kein Plastik an deine Haare. Sobald deine alte Haarbürste kaputt ist, kannst du auf eine Holzhaarbürste mit Naturborsten umsteigen. Ich benutze sie sehr gerne und finde, dass sie die Haare gut pflegt.
- Wattestäbchen: Es gibt entweder Einweg-Wattestäbchen aus Bambus und Baumwolle oder wiederverwendbare Ohrreiniger aus Holz oder Edelstahl.
- Klopapier: Ökologisches, plastikfreies Klopapier findest du im Unverpackt-Laden oder in Onlineshops.

Checkliste

Welche Dinge im Bad möchtest du durch plastikfreie Alternativen ersetzen?

1.

2.

3.

4.

5.

6.

SO HÄLT DEINE SELBST GEMACHTE KOSMETIK LÄNGER

Selbst gemachte Produkte sind nicht ganz so lange haltbar wie industriell verarbeitete. Das liegt vor allem daran, dass wir die Produkte so natürlich wie möglich lassen wollen und keine chemischen Zutaten hinzufügen, um sie länger haltbar zu machen. Dennoch kann man mit ein paar Tricks die Haltbarkeit verlängern.

1. Achte darauf, dass die Zutaten frisch beziehungsweise hochwertig sind.
2. Stell keine riesigen Mengen her, sondern nur so viel, wie du innerhalb von ungefähr einem halben Jahr brauchst. Notiere dir in einem Notizbuch, wann du etwas hergestellt hast.
3. Lagere die feuchten Produkte kühl und achte darauf, dass an die trockenen Produkte keine Feuchtigkeit kommt.
4. Reinige alle Behältnisse wie zum Beispiel Becher oder Schalen, mit denen deine Zutaten während des Herstellungsprozesses in Berührung kommen, vorher gründlich.
5. Nimm Cremes nicht direkt mit deinem Finger aus dem Tiegel, sondern nutze dafür einen kleinen Löffel oder Spachtel. So kommen weder Dreck noch Bakterien in die Cremedose.
6. Schütze deine Produkte vor direkter Sonneneinstrahlung, am besten lagert man sie dunkel.
7. Zum Konservieren kannst du verschiedene natürliche Zutaten hinzufügen. Es eignen sich dafür:
   - Jojobaöl (hohe Oxidationsstabilität),
   - Vitamin E (Antioxidans),
   - ätherische Öle mit antibakterieller Wirkung (zum Beispiel Sandelholz, Teebaum oder Zitrone).

DIYS FÜR DAS GESICHT

Farbpigmente herstellen

Von Puder über Rouge bis hin zu Eyeshadow: Das lässt sich alles leichter selbst machen, als du vielleicht denkst. Bevor wir zu den Anleitungen kommen, erkläre ich dir eine wichtige Grundlage. Die richtigen Farbpigmente sind nämlich das A und O für selbst gemachtes Make-up. Die Pigmente kannst du kaufen oder auch sehr einfach zu Hause herstellen. Farbpulver kannst du aus Früchten, Obst, Kräutern und Blüten herstellen.

Variante 1

Sie ist besonders für Kräuter und Blüten ideal.

☞ Das brauchst du ☜

Kräuter/Blüten • Messer • Brett • Teller/Backpapier
Ofen (oder in der Sonne trocknen) • Mörser

So geht's

1. Schneide zunächst alles von den Rohstoffen weg, was die Reinheit deiner gewünschten Farbe verändern kann. Bei Blüten können das zum Beispiel die Staubblätter sein.
2. Schneide die Kräuter und Blüten in kleine Teile und verteile sie auf einem Backblech.
3. Lass die Kräuter oder die Blüten bei 60–80 °C im Ofen ganz langsam austrocknen. Das kann einige Stunden dauern. Schau immer mal wieder nach, in welchem Zustand sie sind. Die Stücke müssen wirklich komplett trocken sein, damit du ein schönes Pulver bekommst. Im Sommer kannst du das auch einfach draußen in der Sonne machen.

4. Sobald den Rohstoffen die gesamte Feuchtigkeit entzogen wurde, kannst du mit einem Mörser, einer Kaffeemühle oder einem Mixer das Pulver herstellen. Je feiner dein Pulver am Ende ist, desto besser kannst du es weiterverarbeiten.

Variante 2

Sie eignet sich besonders für Obst und Gemüse.

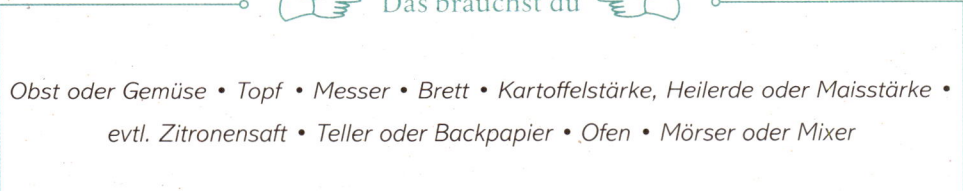

Das brauchst du

Obst oder Gemüse • Topf • Messer • Brett • Kartoffelstärke, Heilerde oder Maisstärke • evtl. Zitronensaft • Teller oder Backpapier • Ofen • Mörser oder Mixer

So geht's

1. Schneide zunächst alles von den Rohstoffen weg, was die Reinheit deiner gewünschten Farbe verändern kann, und schneide den Rest in dünne Streifen.

2. Gib das Obst oder das Gemüse in einen Topf voller Wasser und lasse es etwa 1 Stunde köcheln.

3. Sobald das Wasser eine kräftige Farbe erreicht hat, kannst du die Obst- oder Gemüsestückchen aus dem Topf nehmen.

4. Gib nun zu dem gefärbten Wasser zum Beispiel Kartoffelstärke, weiße Heilerde oder Maisstärke. Hauptsache, es hat eine helle Farbe, damit auch die Farben später schön hell werden. Verrühre alles gut, sodass eine gleichmäßig gefärbte Paste entsteht. Damit die Farbe länger hält, kannst du etwas Zitronensaft dazugeben.

5. Verteile die Paste etwa 1 Zentimeter dick auf einem Keramikteller oder einem Backblech mit ausgelegtem Backpapier. Lass die Paste bei 60–80 °C im Ofen ganz langsam austrocknen. Das kann einige Stunden dauern. Schau immer mal wieder nach, wie weit sie schon

ausgetrocknet ist. Die Paste muss wirklich komplett trocken sein, damit du ein schönes Pulver bekommst.

6. Sobald der Paste die gesamte Feuchtigkeit entzogen wurde, kannst du mit einem Mörser, einer Kaffeemühle oder einem Mixer das Pulver herstellen. Je feiner dein Pulver am Ende ist, desto besser kannst du es weiterverarbeiten.

Weniger Müll

Schau doch mal nach, ob du die entstehenden Obst- und Gemüsereste zum Beispiel in einem Eintopf weiterverarbeiten kannst. Dann entsteht kein Lebensmittelmüll!

Aufbewahrung

Das fertige Pulver füllst du am besten in sterile Gläser, die du luftdicht verschließen kannst. So sind sie bis zu sechs Monate haltbar (das kann je nach Lagerung variieren). Wenn das Pulver etwas klumpig geworden ist, da es ein wenig Feuchtigkeit aufgenommen hat, dann verteile es einfach noch mal auf einem Backblech und trockne es erneut, bevor du es für deine Kosmetikprodukte verwendest.

FARBEN MISCHEN

Um eine Vielfalt an Farbtönen zu kreieren, brauchst du eigentlich nur ein paar Grund-farben. Damit du einen Überblick bekommst, welche Kombinationen möglich sind, habe ich dir einen Farbkreis mit Vorschlägen zusammengestellt. Die drei großen Kreise sind die Grundfarben Blau, Gelb und Rot. Daraus kannst du weitere Farbnuancen wie Orange, Grün oder Lila herstellen. Wenn der Ton dunkler werden soll, mischst du etwas schwarzes oder braunes Pulver darunter, und wenn du gern einen helleren Ton hättest, kannst du weißes Pulver untermischen.

EIN PRODUKT FÜR MEHRERE ANWENDUNGEN

Für jede Stelle im Gesicht gibt es spezielle Beautyprodukte. Zum Teil trägst du sogar mehrere hintereinander auf. Bei manchen Produkten ist das sicherlich sinnvoll, einige davon kannst du aber auch für mehrere Stellen verwenden. Wenn ich unterwegs bin, möchte ich zum Auffrischen nicht immer so viele unterschiedliche Produkte dabeihaben. Deshalb habe ich mir überlegt, wie ich das geschickter lösen kann. Für einen minimalistischen Ansatz im Schminkschrank zu Hause eignen sie sich aber genauso gut. In dieser Übersicht findest du eine kleine Liste mit Dingen, die ich gerne zweckentfremde. Natürlich gibt es da noch viel mehr Möglichkeiten. Schau am besten einfach, welche Farben du hast und wofür du sie noch verwenden könntest.

Lippenstift: Rouge & Contouring

Je nach Farbe lassen sich deine Lippenstifte ganz leicht zweckentfremden. Deine rötlichen oder rosafarbenen Lippenstifte kannst du zum Beispiel auch als Rouge auftragen. Trage einfach zwei kleine Kreise auf deine Wangen auf und verstreiche sie gut.

Die etwas dunkleren brauneren Lippenstifte, kannst du auch mal als Lidschatten oder zum leichten Contouring verwenden.

Rouge: Lippenstift

Dein Rouge kannst du wiederum auch verwenden, um deinen Lippen mehr Farbe zu verleihen. Trage dafür zuerst etwas Lippenbalsam auf und tupfe dann mit einem Pinsel dein Rouge auf. Hast du sowieso schon ein Blush in cremiger Form, dann trage den einfach so auf deine Lippen auf.

Highlighter: Eyeshadow, Lippen

Deinen Highlighter kannst du auch als Eyeshadow verwenden. Vor allem im Augeninnenwinkel und am Brauenknochen (unter dem äußeren Ende der Augenbraue) lässt er dich gleich viel frischer aussehen. Streiche dafür einfach mit der Fingerspitze oder einem Pinsel etwas von dem Highlighter auf die gewünschten Stellen. Mit dem Highlighter kannst du übrigens auch deine Lippen etwas voller wirken lassen. Tupfe einfach etwas davon auf deine Lippen und auf den Amorbogen, nachdem du deinen Lippenstift aufgetragen hast.

Eyeshadow: Highlighter, Contouring

Umgekehrt kannst du natürlich deinen hellen Lidschatten auch als Highlighter verwenden. Trage mit einem Pinsel deinen Lidschatten auf die Wangenknochen auf oder wie beim Highlighter auf die Lippen. Dunkle Töne kannst du auch für ein schnelles Contouring verwenden oder um deine Augenbrauen zu betonen.

Wimperntusche: Eyeliner

Die Variante habe ich oft angewendet, weil ich noch keinen plastikfreien oder zumindest plastikarmen wasserfesten Lidstrich gefunden habe. Ich trage meine wasserfeste Mascara einfach mit einem dünnen Pinsel als Lidstrich auf.

SO REPARIERST DU DEIN MAKE-UP

Sicher kennst du das: Mal fällt dir etwas herunter, mal geht etwas in der Handtasche kaputt. Doch das bedeutet nicht, dass du es gleich wegwerfen musst. Hier sind meine wichtigsten Tipps, um dein Make-up zu retten:

Zerbrochener Puder

Puder zerbricht leicht, wenn er herunterfällt oder fast leer ist. Das lässt sich aber schnell wieder mit ein paar Handgriffen reparieren.

 Das brauchst du

eine Schale/Schüssel • hochprozentigen Alkohol aus der Apotheke oder Wodka
eine Pipette oder einen Teelöffel • einen kleinen Spachtel • ein feines Baumwolltuch
eine Form für den Puder

1. Zerkleinere deinen zerbrochenen Puder in der Schüssel, bis er zu einem feinen Pulver geworden ist.
2. Nun gibst du zu dem Pulver eine kleine Menge an Alkohol. Am besten geht das mit einer Pipette oder einem kleinen Teelöffel. Fang mit weniger an und füge gegebenenfalls noch etwas hinzu. Am Ende sollte das Gemisch eine cremige Konsistenz haben.
3. Nun gibst du die Masse mit dem Spachtel in die Form.
4. Als Nächstes musst du den Alkohol aus dem Puder wieder hinauspressen. Leg dafür das dünne Stofftuch auf den Puder und drücke mit einem flachen, festen Gegenstand wie dem Spachtel auf das Tuch, damit der überschüssige Alkohol aufgesogen wird. Sobald kein Alkohol mehr entweicht, kannst du aufhören.
5. Der Puder muss nun ein paar Stunden trocknen.

ABGEBROCHENER LIPPENSTIFT

Dreht man mal den Lippenstift zu weit aus der Hülse, bricht er schneller ab, als man schauen kann. Zum Glück kann das aber ganz schnell wieder repariert werden.

Variante 1

Alles, was du dafür brauchst, ist eine Kerze oder ein Feuerzeug.

So geht's

1. Begradige die abgebrochenen Enden, damit sie wieder gut aufeinanderpassen.
2. Lege beide Enden für ein paar Minuten in den Kühlschrank, damit sie etwas härter werden.
3. Erwärme beide Enden mit der Kerze und presse sie nun aufeinander.
4. Leg den reparierten Lippenstift noch mal für ein paar Minuten in den Kühlschrank.

Variante 2

Hast du sowieso eine Lippenstiftform, kannst du deinen Lippenstift einfach nochmals einschmelzen und in die Form gießen. Das Praktische daran ist, dass du auch gleich wieder eine schöne Spitze hast.

VERTROCKNETE MASCARA

Wenn die Mascara eingetrocknet ist, hat man eher Klümpchen auf den Wimpern statt eines schönen Fächers. Mit einer Kochsalzlösung kannst du diesen kleinen Makel aber schnell wieder beheben. Gib ein paar Tropfen Kochsalzlösung in die Tube und schüttle sie gut. Warte ein paar Minuten und mixe sie noch mal mit der Bürste gut durch. Nun hat die Mascara wieder die optimale Konsistenz und du kannst deinen Wimpern den perfekten Schwung verleihen.

PUDER, BLUSH, HIGHLIGHTER UND BRONZER

Wie schon erwähnt, bin ich ein großer Fan davon, beim Schminken ein Produkt für mehrere Zwecke zu verwenden. Deswegen habe ich die folgenden Mischungen nur nach Farben unterteilt. Du kannst die unterschiedlichen Puder als Blush, Contourer, Eyeshadow oder zum Abdecken verwenden. Sicher fallen dir noch andere Ideen ein. Das Tolle am selbst gemachten Make-up ist, dass du es passend zu deinem Hauttyp zusammenmischen kannst. Da jeder von uns seine eigenen Vorlieben hat, sind meine Farbkombinationen nur erste Anregungen. Ich zeige dir, mit welchen Pulvern und in welchem Verhältnis du die Farbtöne zusammenstellen kannst. Am Ende habe ich dir etwas Platz gelassen, damit du deine persönliche Lieblingsmischung fürs nächste Mal notieren kannst.

Nicht nur das Verhältnis der Farbtöne kann unterschiedlich sein. Auch der Puder kann aus verschiedenen Rohstoffen bestehen. Es gibt unzählige Möglichkeiten, wie du Farbpigmente aus Obst, Gemüse, Blüten und Kräutern herstellen kannst. Meine Ideen sind nur erste Vorschläge für dich. Wenn du zum Beispiel für deinen Rotton lieber Hibiskusblütenpulver statt Rote-Bete-Pulver verwendest, geht das selbstverständlich auch.

Möchtest du dein Pulver nicht selbst machen, kannst du es auch kaufen. Einige Farbpulver wie das Hibiskuspulver sind meiner Meinung nach sehr leicht herzustellen. Aber einen kräftigen reinen Grünton finde ich schwieriger herzustellen, deswegen kaufe ich ihn gerne. Probiere da am besten einfach aus, was für dich gut funktioniert.

So machst du dir dein Puder selbst

Das brauchst du

*Pigmentpulver • eine Schüssel • einen Teelöffel
ein kleines Glas oder eine Dose für das fertige Produkt*

So geht's

1. Suche dir die passenden Farbpulver (zum Beispiel Kakaopulver, Kartoffelstärke und Zimt) aus und gib sie in die Schüssel. Vermische die Pulver gut.

2. Jetzt geht's ans Personalisieren. Trag den Puder mit einem Make-up-Pinsel auf dein Gesicht auf und überprüfe, wie gut der Farbton schon passt. Ist er noch nicht ideal für deinen Hauttyp, dann kannst du ihn jetzt noch anpassen. Wenn das Pulver zu hell ist, gib noch ein bisschen mehr Kakaopulver hinzu, wenn deine Gesichtsfarbe mehr ins Rötliche geht, dann gib noch ein bisschen Rote-Bete-Pulver hinzu. Mit der Zeit findest du sicher immer besser heraus, wie du die gewünschten Farbtöne erreichst.

Tipp

Näher dich mit kleinen Mengen an den für dich perfekten Ton an. Wenn das Pulver doch mal zu hell/dunkel/rot geworden ist, gib einfach wieder etwas von den Grundzutaten hinzu.

HIGHLIGHTER UND BRONZER

Für deinen eigenen Highlighter misch dir einfach wie beim Puder deine Lieblingsfarbe. Für einen schönen Schimmereffekt gibst du etwas biologisch abbaubaren Glitzer dazu.

EYESHADOW

Deinen Eyeshadow kannst du dir genauso herstellen und noch andere Farben für einen knalligeren Effekt hinzufügen. Wenn du Erdtöne lieber magst, dann sind die Kombinationen vom Puder perfekt für dich. Ansonsten kannst du im Farbkreis auf Seite 40 nach mehr Farbkombinationen suchen.

Auf dieser Seite hast du Platz, um deine eigenen Lieblingsmischungen zu notieren. Dann findest du sie schnell wieder, sobald du Nachschub brauchst:

PUDER

Pigment   *Menge*

HIGHLIGHTER

Pigment   *Menge*

BRONZER

Pigment   *Menge*

BLUSH

Pigment   *Menge*

EYESHADOW

Pigment   *Menge*

LIPPENSTIFT

Lippenstift selber machen macht mir total Spaß. Als Erstes habe ich es in einer Lipstick Academy in Peking ausprobiert und dann gleich daheim nachgemacht. Mit nur wenigen Zutaten kann man sich jederzeit in der Küche eine neue Farbe zusammenmischen. Der Vielfalt sind hier keine Grenzen gesetzt. Der große Vorteil dabei: Du weißt ganz genau, woraus er besteht. Wenn wir essen oder trinken, gerät auch etwas vom Lippenstift in unseren Mund. Bei den herkömmlichen gekauften Produkten nehmen wir dann automatisch verarbeitete Stoffe auf. Das ist noch ein Grund mehr, sich die Lieblingsfarben selbst herzustellen, finde ich.

So mischst du deinen eigenen Lippenstift

☞ Das brauchst du ☜

Geräte:

einen Rührstab (aus Glas) • Pinsel
eine Keramikschüssel oder einen Glastiegel • Topf und Herdplatte für ein Wasserbad
eine Lippenstiftform • eine leere Lippenstifthülle

Zutaten:

1 TL Jojobaöl • ½ TL Fruchtpulver, pflanzliche Farbe oder natürliche Farbpigmente
1 TL Sheabutter • 1 TL Bienenwachs

So geht's

1. Öl und Sheabutter im Wasserbad schmelzen.
2. Schüssel aus dem Wasserbad herausnehmen und nach und nach die Farbe einrühren, bis die Masse deinen gewünschten Ton erreicht hat.

3. Kühlt die Masse zu schnell ab? Lösen sich die kleinen Farbpartikel bei dir nicht richtig auf? Es hilft, wenn du sie länger im Wasserbad lässt und danach mit einem Pinsel gut durchmischst. Die Pinselspitze kannst du gut dafür nutzen, um die restlichen Pigmentklumpen zu zerkleinern. Ansonsten kannst du den Schritt auch so lange wiederholen, bis du eine gleichmäßige Masse hast. Wichtig ist, dass vor dem nächsten Schritt keine kleinen Klümpchen mehr zu sehen sind.

4. Jetzt kommt das Bienenwachs hinzu. Lasse die Mischung erneut in einem Wasserbad schmelzen und verrühre sie gut.

Tipp

Die Pigmente für den Lippenstift kannst du natürlich wieder selber machen. Die Anleitung dazu findest du auf Seite 37ff. Das Pulver muss jedoch wirklich ganz fein gemahlen werden, damit du daraus einen geschmeidigen und gleichmäßigen Lippenstift herstellen kannst. Ich persönlich bevorzuge – zumindest bei Lippenstiften – mittlerweile das gekaufte Pulver, da es noch feiner ist.

5. Jetzt ist die Masse fertig und du kannst sie in die Lippenstiftform füllen. Darin lässt du sie abkühlen.

6. Sobald sie kalt und fest geworden ist, kannst du sie in deine Lippenstifthülle geben. Entferne dafür den oberen Teil deiner Lippenstiftform und stülpe die leere Lippenstifthülle vorsichtig über das herausragende Stück.

Anwendung

Lippenstift schaut am schönsten auf gepflegten Lippen aus. Hast du trockene Lippen, hilft ein Peeling – und etwas Pflege. Zum Beispiel mit einem Salz-Honig-Peeling. Vermische dafür ¼ Teelöffel Honig und 1 Prise Salz. Verreibe das Peeling mit kreisenden Bewegungen 1 Minute lang auf deinen Lippen und wasche es danach ab.

Aufbewahrung

Bewahre deinen selbst gemachten Lippenstift möglichst kühl auf, dann ist er ein halbes bis ein ganzes Jahr haltbar. Wenn du ein paar Tropfen Vitamin E hinzufügst, verlängert sich die Haltbarkeit, da es ein natürliches Konservierungsmittel ist.

Mascara und Eyeliner

Das folgende Rezept kannst du sowohl für Mascara als auch für Eyeliner verwenden. Das Gel sorgt für einen schönen tiefen Schwarzton. Durch das Bienenwachs hält deine Mascara oder der Eyeliner den ganzen Tag, ist aber nicht wasserfest.

Das brauchst du

1 EL Sheabutter • 1 ½ TL Bienenwachs • 1 TL Kokosöl • 4 EL Aloe-vera-Gel
1 TL Aktivkohlepulver • eine Keramikschüssel • ein Löffel oder eine Gabel
eine leere gereinigte Dose oder ein Glas für das fertige Produkt

So geht's

1. Gib die Sheabutter, das Bienenwachs und das Kokosöl in eine Schüssel und erwärme sie in einem Wasserbad.
2. Gib das Aloe-vera-Gel zu den Zutaten und vermische alles gut.

3. Nun kannst du die Schüssel aus dem Wasserbad nehmen und das Aktivkohlepulver nach und nach einrühren. Ist die Masse zu schnell abgekühlt und du kannst das Pulver nicht mehr so gut einrühren? Dann stell die Schüssel einfach noch mal kurz in das Wasserbad.

4. Sobald du eine schöne gleichmäßige schwarze Masse hast, füll sie in die Dose oder in das Glas. Danach muss das Ganze 2–3 Stunden ruhen, bis du deine selbst gemachte Mascara beziehungsweise deinen Eyeliner ausprobieren kannst.

Anwendung

Möchtest du das Gel als Eyeliner auftragen, dann nimmst du am besten einen kurzen, schmalen Pinsel.

Um es als Mascara aufzutragen, besorgst du dir eine Mascara-Bürste oder du verwendest einfach die Bürste deiner alten Wimperntusche. Die selbst gemachte Mascara solltest du aber nicht in die alte Kartusche füllen, da sie sonst sehr schnell austrocknet. Nimm immer nur etwas Gel aus der Dose. Wichtig ist, dass die verwendete Bürste immer sauber ist. So hält es am längsten! Um einen guten Schwung hineinzubekommen, forme deine Wimpern am besten zuvor mit einer Wimpernzange.

Aufbewahrung

Halte die Dose immer gut geschlossen, sodass das Gel nicht austrocknen kann. Falls dir das doch einmal passiert, dann gib das Gel einfach noch mal in ein Wasserbad und füge noch etwas Aloe-vera-Gel hinzu.

Fixing Spray

Wenn ich lange unterwegs bin, benutze ich gerne ein Fixing Spray, damit mein Make-up den ganzen Tag hält. Mein Fixing Spray habe ich so konzipiert, dass es meiner Haut Feuchtigkeit spendet und sich so das Make-up schneller und besser mit der Haut verbindet.

Das brauchst du

80 ml Wasser • 4 EL Aloe-vera-Gel • eine Sprühflasche

So geht's

Mische 80 ml abgekochtes (und wieder abgekühltes) Wasser mit 4 EL Aloe-vera-Gel. Durch das abgekochte Wasser ist das Spray länger haltbar. Füll die Mischung in eine Sprühflasche.

Anwendung

Sprühe das Fixing Spray mit etwa 15 Zentimeter Entfernung auf dein frisch aufgetragenes Make-up. Schüttle es vor jedem Gebrauch, damit sich die Komponenten wieder gut vermischen.

Abschminkspray

Mit diesem selbst gemachten Spray schminke ich mich gerne ab. Es enthält nämlich eine Extraportion Pflege: Arganöl pflegt die Haut und beruhigt sie von den Strapazen des Tages.

 Das brauchst du

10 ml abgekochtes Wasser • 10 ml Arganöl • eine (Sprüh-)Flasche
3–5 Tropfen ätherisches Öl deiner Wahl

So geht's

1. Gib das Wasser und das Arganöl in die Sprühflasche. Du kannst auch eine andere Menge verwenden, wichtig ist nur, dass du immer zu gleichen Teilen Wasser und Arganöl mischst.
2. Nach Belieben kannst du die Mischung noch mit 3–5 Tropfen ätherischem Öl ergänzen. Die Menge hängt davon ab, ob du dich stark schminkst oder nur wenig Make-up aufträgst.

Anwendung

Schüttle die Flasche und gib etwas Abschminkspray auf ein wiederverwendbares Pad. Dann kannst du dich wie gewohnt abschminken. Wenn eine Ölschicht auf dem Gesicht bleibt, massiere sie einfach in dein Gesicht ein.

Haltbarkeit

Das Spray ist zwei bis drei Wochen haltbar.

Abschminkpads

Überleg mal, wie viel Müll alleine durch Abschminkpads entsteht. Du benutzt sie nur ganz kurz und wirfst sie dann weg. Das geht natürlich auch anders. Ich bin ein großer Fan der nachhaltigen Alternative: Die Pads sind schnell gemacht und da du sie nach dem Gebrauch waschen kannst, halten sie total lange.

einen Stift • einen Baumwollstoff (zum Beispiel ein altes T-Shirt) oder einen Frotteestoff (zum Beispiel ein altes Handtuch) • eine runde oder quadratische Schablone (zum Beispiel den Boden einer Flasche oder eine kleine Schachtel) • Stecknadeln • eine (Zickzack-)Schere

So geht's

1. Zeichne auf dem gereinigten Stoff die Umrisse deiner Pads auf. Am besten eignen sich Kreise oder Quadrate. Quadrate haben den Vorteil, dass es keine Schnittreste gibt. Du benötigst immer eine Vorder- und eine Rückseite.
2. Stecke die Vorlage mit Stecknadeln auf den Stoff. Schneide entlang der Linien deine Pads aus. Eine Zickzackschere verhindert, dass der Stoff am Rand ausfranst.
3. Lege zwei Stoffkreise oder -quadrate übereinander. Dann nähst du sie entweder mit der Nähmaschine oder mit der Hand zusammen. Mit der Nähmaschine verwendest du am besten einen Zickzackstich.

Reinigung

Meine Abschminkpads wasche ich mit meiner normalen Kochwäsche mit. Bei starker Verschmutzung koche ich sie zwischendurch immer mal wieder mit Natron aus. Gib dafür in einen halben Liter Wasser einen halben Esslöffel Natron und lass die Pads darin 15 Minuten köcheln. Bevor du sie wieder benutzt, sollten sie gründlich ausgespült werden.

Tipp

Wichtig ist, dass die verwendeten Stoffe wenigstens bei 60, am besten sogar bei 90 °C waschbar sind. Nähe am besten gleich mehrere Abschminkpads, dann kannst du die benutzten Pads in einem kleinen Wäschenetz aufbewahren und zusammen mit deiner restlichen Wäsche in der Maschine waschen.

GESICHTSMASKEN

Ich stelle dir vier meiner Lieblingsmasken für verschiedene Bedürfnisse der Haut vor. Da jede Haut anders ist, habe ich zusätzlich noch einen kleinen Guide geschrieben. So lernst du mögliche Zutaten und ihre Wirkungsweise kennen und kannst dir deine eigene Lieblingsmaske zusammenstellen.

Vor dem Auftragen

Reinige dein Gesicht und deine Hände gründlich. Hast du ein bisschen Zeit, kannst du zuvor mit einem Peeling starten. Es befreit deine Haut von abgestorbenen Hautzellen, Schweiß und Make-up. Ein Peeling bereitet deine Haut perfekt auf eine Maske vor. Hast du wenig Zeit, wasche dein Gesicht einfach gründlich und rubble mit einem Handtuch dein Gesicht entlang. So lösen sich Hautschuppen, Schmutz und Make-up ebenfalls gut. Sei dabei bitte vorsichtig, wenn du empfindliche Haut hast. Um deine Haut zu beruhigen und die Poren zu öffnen, kannst du ein heißes, in warmem Wasser getränktes Tuch für 1 Minute auf dein Gesicht legen.

Währenddessen

Masken sind der perfekte Zeitpunkt, um eine Auszeit vom hektischen Alltag einzulegen. Schalte deine Lieblingsmusik ein, lies ein gutes Buch oder schließe einfach nur die Augen und lass die Seele baumeln.

Nach dem Auftragen

Bevor du deine Maske abwäschst, massiere sie noch mit den Fingern in deine Haut ein. Am besten geht das mit kreisenden Bewegungen. Nun kannst du sie mit einem warmen, feuchten Tuch abtragen. Nach der Maske kannst du deine Tages- beziehungsweise Nachtpflege auftragen.

Meine Lieblingsgesichtsmasken

MASKE FÜR TROCKENE HAUT

Das brauchst du

Maske für trockene Haut:
1 EL Aloe-vera-Gel • 1 EL Honig • 1 EL Kokosöl

Maske für müde Haut:
2 EL Kaffeesatz • 2 TL Arganöl

Maske für unreine Haut:
1 EL Aktivkohle • 1 EL Heilerde • 2 TL Kamillentee oder Ingwertee

So geht's

Gib die Zutaten jeweils in eine Schüssel und vermische alles gut miteinander.

Anwendung

Trage die Maske auf dein Gesicht und dein Dekolleté auf. Zum Auftragen kannst du einen Spatel, deine gereinigten Hände oder die Rückseite von einem Löffel verwenden. Lass die Maske 15 Minuten einwirken und reinige dann dein Gesicht.

ZUTATEN-GUIDE FÜR DEINE GANZ PERSÖNLICHE MASKE

Aktivkohle

Aktivkohle ist ein feinkörniger Kohlenstoff und wird gerne in der Medizin sowie in der Kosmetikbranche eingesetzt. Aufgrund der absorbierenden Fähigkeit befreit Aktivkohle deine Haut von Staub, Schmutz oder Schadstoffen und reinigt so deine Poren.

Ingwer

Die Ingwerwurzel wirkt antibakteriell, fördert die Durchblutung und verfeinert deine Poren. Für Masken nehme ich frische Ingwerscheiben, Ingwertee oder Ingwerpulver.

Honig

Fördert die Elastizität deiner Haut und desinfiziert sie, ist aber dabei sehr schonend. Daher ist Honig besonders für gereizte oder empfindliche Haut geeignet. Achte beim Honigkauf darauf, dass er aus einem nachhaltigen Betrieb stammt.

Kamillentee

Kamille wirkt antibakteriell und entzündungshemmend. Sie ist perfekt, um gestresste Haut zu beruhigen. Gerade im Sommer findest du die Kamille in vielen Gärten oder Parks. Schau doch einfach mal, ob du ein paar Blüten findest. Zu Hause kannst du sie dann entweder frisch weiterverarbeiten oder die Blüten trocknen und einen Vorrat für die kalte Jahreszeit anlegen. Für Masken nehme ich entweder Kamillentee oder -pulver.

Kaffee

Kaffee entzieht der Haut überschüssiges Fett und fördert die Durchblutung. Die Haut schaut wieder wacher aus. Für Masken nehme ich gemahlenes Kaffeepulver, meistens sogar eines, mit dem ich zuvor meinen Morgenkaffee aufgebrüht habe.

Aloe vera

Aloe vera stärkt die Haut, wenn sie schlaff und müde wirkt. Durch das enthaltene Lysin wird die natürliche Bildung von Kollagen gestärkt und die Haut wird wieder straffer und elastischer.

So erntest du deine Aloe-vera-Pflanze

1. Um deine Aloe-vera-Pflanze zu ernten, schneidest du eins oder mehrere der äußeren größeren Blätter ab. Schneide am besten immer nur ganze Blätter mit einem geraden Schnitt ab. Lass deiner Pflanze noch ein paar Blätter für die Fotosynthese, damit sie am Leben bleibt.

2. Stelle das abgeschnittene Blatt senkrecht in eine Tasse (mit der Schnittseite nach unten), damit das flüssige Aloin herauslaufen kann. Das Aloin muss unbedingt entfernt werden: Es hat eine reizende und abführende Wirkung. Das dauert 1–2 Stunden.

3. Schneide danach noch 2 Zentimeter vom unteren Ende ab, damit in dem verbleibenden Stück garantiert kein Aloin mehr ist, und wasche das Blatt mit klarem Wasser ab.

4. Jetzt kannst du das Blatt mit einem Messer schälen.

Ganz wichtig: Schneide nur Blätter ab, wenn du das Gel auch gleich weiterverarbeitest, sonst verliert es schnell seine Wirkung. Wenn du keine eigene Aloe-vera-Pflanze hast, findest du auch in vielen Bioläden oder auf Märkten große Blätter.

Heilerde

Heilerde ist in der Kosmetikbranche so beliebt, da sie reich an vielen Mineralstoffen und Spurenelementen ist. Dadurch hat sie mehrere Wirkungsweisen, die sich positiv auf unser Hautbild auswirken. Auf der Haut wirkt Heilerde entzündungshemmend, schmerzlindernd, abschwellend, austrocknend und beruhigend. Bei stark fettender Haut hilft sie zum Beispiel, die T-Zone zu entfetten.

Kokosöl

Kokosöl spendet der Haut Feuchtigkeit, glättet sie und beugt Falten vor. Außerdem hat es ebenso eine antibakterielle Wirkung und hemmt Entzündungen.

Arganöl

Arganöl ist für Mischhaut ideal, da es die Talgproduktion reguliert und die Haut pflegt. Außerdem wirkt es antibakteriell, desinfizierend, entzündungshemmend und antioxidativ.

Olivenöl

Olivenöl hat einen hohen Vitamin-E-Gehalt, das fördert die Elastizität deiner Haut und macht sie geschmeidig. Olivenöl eignet sich perfekt für einen Anti-Aging-Effekt.

Nun hast du die Qual der Wahl. Welche besonderen Bedürfnisse hat deine Haut? Und welche Zutaten vermischst du zu deiner wohltuenden Gesichtsmaske?

Erfrischendes Spray

Das brauchst du

80 ml abgekochtes Wasser • 1 TL Aloe-vera-Gel • 1 TL Arganöl
3 Tropfen ätherisches Öl (z. B. Minze) • Sprühflasche • Trichter

So geht's

Gib das abgekochte Wasser, Aloe-vera-Gel, Arganöl und das ätherische Öl in eine Schüssel und vermische alle Zutaten gut. Nun kannst du dein Spray mit einem Trichter in die Sprühflasche umfüllen.

Anwendung

Schüttle das Spray vor der Anwendung, damit sich alle Inhaltsstoffe gut vermischen, und sprühe das Spray mit 15 Zentimeter Entfernung in dein Gesicht, deinen Nacken und dein Dekolleté. Du wirst sehen: An heißen und langen Tagen wirst du dich im Nu wieder viel frischer fühlen.

Achtung!

Wenn du dein Erfrischungsspray im Urlaub beziehungsweise bei starker Sonneneinstrahlung nutzen willst, achte darauf, dass du kein fototoxisches ätherisches Öl (zum Beispiel Zitronen-, Limetten- oder Bergamotteöl) hinzufügst. Sie können bei Sonneneinstrahlung Reizungen verursachen.

Tipp

Stelle dein Spray in den Kühlschrank. So hält es länger und gerade an heißen Tagen ist ein gekühltes Spray umso erfrischender.

DIYS FÜR DEN KÖRPER

SEIFEN SELBER MACHEN

Seifen selber machen macht unglaublich viel Spaß. Du kannst dich kreativ ausleben und immer wieder etwas Neues ausprobieren. Selbst gemachte Seifen reduzieren nicht nur den eigenen Plastikmüll, sie sind auch ein tolles Geschenk.

Es gibt zwei unterschiedliche Herangehensweisen. Du kannst entweder die Seife komplett selbst herstellen und auch eine Lauge anrühren. Etwas einfacher ist es, wenn du eine alte Seife als Grundlage für eine neue Seife verwendest. Ich stelle dir hier jeweils ein Rezept für beide Methoden vor. Vorher ist es wichtig, dass du dich kurz mit den Überfettungsgraden von Seifen beschäftigst.

Überfettung von Seifen

Die in der Seife verarbeiteten Fette und Öle werden durch eine Natronlauge verseift. Gibt man zu wenig Natronlauge hinzu und es können nicht 100 Prozent der Fette und Öle verseift werden, ist die Seife überfettet. Der Überfettungsgrad von Seifen gibt an, wie viel der enthaltenen Fette und Öle nicht verseift wurden. Er wird in Prozent angegeben.

- Seifen mit 0–5 Prozent Überfettung: Ein geringer Überfettungswert ist besonders für den Haushalt geeignet, da bei einer höheren Überfettung zum Beispiel das Geschirr Schlieren bekommt. Für unsere Haut ist eine Seife mit diesem Wert nicht geeignet, da sie die Haut zu sehr austrocknet. Diese Seifen haben eine harte Konsistenz.

- *Seifen mit 5–10 Prozent Überfettung: Seifen mit diesem Überfettungswert verträgt unser Körper gut. Die Seife hat eine stabile Konsistenz.*
- *Seifen ab 10 Prozent Überfettung: Die Seifen sind sehr pflegend und reichhaltig. Sie eignen sich zum Beispiel wunderbar fürs Gesicht oder trockenes Haar. Die Konsistenz ist sehr weich. Wegen dem hohen Überfettungsgrad werden diese Seifen schneller ranzig. Deswegen einfach immer ein kleines Stück abschneiden und den Rest einfrieren.*

Wie berechnet man die Überfettung?
Jedes Öl und jedes Fett hat eine eigene Verseifungszahl. Die Zahl gibt an, wie viel Säuren in 1 Gramm Fett vorkommen, und mit ihr kannst du die Konzentration der Natronlauge bestimmen, um die Fette zu verseifen. Von dieser Zahl ziehst du dann den Wert in Prozent ab, den deine Seife an Überfettung haben soll, und schon hast du die Konzentration der Lauge. Für die Berechnung findest du viele Seifenrechner im Internet.

SEIFEN KOMPLETT SELBER HERSTELLEN

Bevor du mit deiner Seife anfängst, brauchst du eine Lauge. Wie du sie herstellen kannst, erklär ich dir gleich auf der nächsten Seite im »Laugenrezept«. Wenn du eine Lauge angerührt hast, geht es an das Seifenrezept. Da habe ich das sogenannte 25er-Rezept ausgewählt, da es unter Anfängern sehr beliebt ist. Es ist unkompliziert, die Zutaten sind günstig und es lässt sich beliebig verfeinern. Ich zeige dir auch zahlreiche Anregungen, wie du das Grundrezept mit anderen Zutaten ganz nach deinen Wünschen individualisieren kannst.

Eine Lauge herstellen

Das brauchst du

Natriumhydroxid (NaOH) • Wasser (⅓ der gesamten Seifenmenge) • eine Schüssel oder einen Eimer (aus Glas, Porzellan) • eine Waage • einen Messbecher einen Löffel zum Umrühren aus Edelstahl oder einen Glasrührstab

So geht's

1. Berechne mithilfe eines Seifenrechners die genaue Menge an Natriumhydroxid für deine Seife. Entscheide dich, wie viel Prozent Überfettung deine Seife haben soll, damit du die richtige Menge ausrechnen kannst.
2. Zieh deine Schutzkleidung an und geh an einen passenden Ort (siehe Kasten).
3. Gib die ausgerechnete Menge an NaOH langsam und unter stetigem Rühren in das Wasser (Reihenfolge wichtig!) und rühre so lange, bis die Flüssigkeit wieder klar geworden ist und sich alle Kristalle aufgelöst haben.

Achtung!

Die Lauge kann sehr heiß werden!

4. Lass die Lauge stehen und abkühlen. Ab einer Temperatur unter 40 °C kannst du sie für deine Seifen verwenden.

Achtung!

Eine Lauge ist ätzend, deswegen ist es wichtig, dass du dich ausreichend schützt.

- *Trage lange Kleidung, Handschuhe und eine Schutzbrille (alternativ geht auch eine Schwimmbrille).*
- *Verwende keine Produkte aus Aluminium, da diese mit der Lauge reagieren.*
- *Stell die Lauge draußen, an einem offenen Fenster oder in einem gut belüfteten Raum her.*
- *Die Dämpfe dürfen nicht eingeatmet werden.*
- *Verwende Hilfsmittel, die du für die Lauge benutzt hast, danach nicht mehr zum Kochen.*

Das 25er-Rezept

Das brauchst du

Lauge (Rezept siehe Seite 70) • 330 ml Wasser • 2-mal 250 g feste Öle, z. B. Kokosöl, Sheabutter, Kakaobutter • 2-mal 250 g flüssige Öle, z. B. Olivenöl oder Rapsöl optional 15 Tropfen ätherisches Öl deiner Wahl sowie Blüten, Kerne und Ähnliches zur Deko• eine Schüssel • Seifenform • Butterbrotpapier • ein Handtuch

So geht's

1. Stell eine Lauge her, so wie ich es im Laugenrezept beschrieben habe.

2. Lass die festen Fette in einem Wasserbad schmelzen. Damit die Schüssel im Wasserbad nicht umkippt, kannst du zuerst ein größeres Küchentuch in das Wasser legen und darauf die Schüssel stellen. Sobald die festen Fette flüssig geworden sind, schalte den Herd aus und rühre die restlichen flüssigen Fette hinein.

3. Lass die Fette nun abkühlen, aber sie sollen flüssig bleiben. Wenn sie eine Temperatur unter 40 °C erreicht haben, kannst du sie weiterverarbeiten.

4. Vermische die abgekühlte Lauge und die Fette (beides unter 40 °C) und rühre die ganze Zeit um, bis die Konsistenz von einem Pudding erreicht ist. Du kannst entweder per Hand, mit einem Holzlöffel oder mit einem Rührstab umrühren.

5. Nun kannst du noch 15 Tropfen von einem ätherischen Öl deiner Wahl hinzugeben und die Masse in die Seifenform geben. Wenn du möchtest, kannst du die Seifen mit Blüten, Kernen und Ähnlichem dekorieren.

6. Die Form mit der Seife kannst du jetzt mit Butterbrotpapier abdecken und in ein Handtuch einwickeln. Dadurch ist sie isoliert und der Verseifungsprozess wird gefördert. Jetzt muss die Seife in der Form aushärten. Das dauert circa 24–48 Stunden.

7. Nachdem die Seife ausgehärtet ist, kannst du die Stücke aus der Form nehmen. Leg sie für vier bis sechs Wochen an einen geschützten Ort zum Reifen. Die Dauer des Reifeprozesses kann je nach Zusammensetzung variieren.

Tipp

Wenn du die Seife in die Form gegossen hast, klopfe sie noch ein paarmal vorsichtig auf die Arbeitsplatte, um die Luftblasen zu entfernen.

SEIFEN VERFEINERN

Die selbst gemachten Seifen lassen sich mit ganz vielen Zutaten verfeinern. Ich habe dir zur Inspiration eine kleine Liste mit Zutaten zusammengestellt, die deine Seifen noch einzigartiger machen. Die Variationen und Möglichkeiten sind unendlich groß. Die Zutaten kannst du entweder vor dem Eingießen in die Form geben oder erst dann, wenn du die flüssige Seife in die Form gegossen hast. Beide Varianten erzielen schöne Effekte. Viel Spaß beim Ausprobieren!

Düfte

Für einen angenehmen Duft kannst du deiner Seife ätherische Öle hinzufügen. Dabei solltest du darauf achten, dass die Duftmenge insgesamt nicht mehr als 2–3 Prozent der Gesamtmenge beträgt. Die Düfte gibst du erst in die abgekühlte Masse, da zu viel Hitze die Wirkung der Öle zerstört.

Färben

Färben kannst du die Seifen mit Farbpigmenten (siehe Seite 37ff.).

Zutaten aus dem Garten

Alle schönen Blüten oder Kräuter eignen sich gut, besonders beliebt sind zum Beispiel Lavendel oder Rosmarin.

Zutaten aus der Küche

Haferflocken, Leinsamen, Orangenschalen, Zitronenschalen, gemahlener Kaffee und vieles mehr geben der Seife eine besondere Note.

Peelingeffekt

Für einen zusätzlichen Peelingeffekt kannst du grob gemahlenen Kaffee, Zucker oder Salz zur Seife geben.

Tipp

Möchtest du, dass nur eine bestimmte Seite deiner Seife einen Peelingeffekt hat? Dann kannst du auch etwas Zucker im Wasserbad erhitzen, in die Seifenform gießen, aushärten lassen und erst dann deine Seifenmasse einfüllen. So entsteht eine Peelingkruste auf der einen Seite.

Schichten

Einen besonderen Look bekommt die Seife, wenn man verschiedene Farben schichtet. Ganz wichtig: Die nächste Schicht der Seife wird erst dann gegossen, wenn die vorherige Schicht fest geworden ist. Sonst würden sich die Schichten beim Eingießen vermischen. So kann das zum Beispiel aussehen:

75

Seife aus Kernseife oder Seifenresten

Das brauchst du

Kernseife, Seifenreste oder Seifenflocken • Zutaten zum Verfeinern deiner Wahl Wasser • eine Reibe • einen Löffel

So geht's

1. Rasple die Seife in kleine Stückchen.
2. Jetzt wird die geraspelte Seife im Wasserbad so lange erhitzt, bis sie schmilzt. Die Seife wird jedoch nicht mehr ganz flüssig, sondern bekommt eher eine Konsistenz wie weiche Butter. Rühre sie während des Schmelzprozesses regelmäßig um.
3. Verfeinere die Seife mit verschiedenen Zutaten deiner Wahl.
4. Gieß die Seife in ihre Form und klopfe die Luftblasen heraus. Jetzt braucht die Seife etwas Ruhe und muss aushärten. Decke sie dafür ab und stelle sie an einen passenden Ort. Nach einem Tag ist die Seife fest genug und du kannst sie aus der Form nehmen. Danach muss sie noch ein bis zwei Wochen ruhen, bevor du sie verwenden kannst.

Tipp

Zum Seifengießen kannst du verschiedenste Formen verwenden. Achte dabei nur darauf, dass du sie nicht direkt in Formen aus Metall gießt, da diese mit der Lauge reagieren würden. Eine Metallform solltest du erst mit Butterbrotpapier auslegen. Ich verwende zum Seifengießen gerne Formen aus Holz oder Glas.

DEIN GUIDE FÜR ÖLE UND FETTE FÜR KÖRPER- UND HAARSEIFEN

SHEABUTTER

Sheabutter wird aus den gerösteten Fruchtkernen des Karitébaums hergestellt. Er wächst hauptsächlich südlich der Sahara. Achte darauf, dass du unraffinierte Sheabutter verwendest. Sie ist unverarbeitet und enthält alle gesunden Wirkstoffe.

Wirkung auf die Haut

- Schutzschicht gegen Umwelteinflüsse,
- Zellregenerierung,
- entzündungshemmend,
- fördert die Wundheilung und
- spendet Feuchtigkeit.

Besonders geeignet für

... trockene Haut, Mischhaut.

Wirkung auf die Haare

- spendet Feuchtigkeit,
- pflegt und
- verleiht Glanz.

Besonders geeignet für

... trockenes Haar, strapaziertes Haar.

Besonderheiten bei der Seifenherstellung

- Sheabutter macht die Seife reichhaltig und verleiht ihr eine feste Konsistenz.

- Sie gilt als festes Fett.
- Sie ist zur Überfettung geeignet.

KAKAOBUTTER

Kakaobutter entsteht durch das Pressen der Kakaosamen und Kakaomasse. Sie macht die Seife sehr hart.

Wirkung auf die Haut

- wirkt beruhigend und
- pflegend.

Besonders geeignet für

... trockene Hauttypen.

Wirkung auf die Haare

- sehr pflegend und
- schenkt deinem Haar wieder Feuchtigkeit und macht es geschmeidig.

Besonders geeignet für

... sprödes Haar.

KOKOSÖL

Wirkung auf die Haut

- spendet Feuchtigkeit und
- wirkt entzündungshemmend.

Besonders geeignet für

... gereizte Haut oder Mischhaut.

Wirkung auf Haare

- spendet Feuchtigkeit,
- schenkt den Haaren Glanz und
- pflegt bis in die Spitzen.

Besonders geeignet für

... kaputtes oder trockenes Haar.

ARGANÖL

Wirkung auf die Haut

- reguliert die Talgproduktion,
- wirkt antibakteriell und entzündungshemmend sowie
- straffend.

Besonders geeignet für

... unreine, trockene oder fettige Haut.

Wirkung auf die Haare

- spendet Feuchtigkeit und
- hilft dank Vitamin E bei Haarausfall.

Besonders geeignet für

... splissige Haare oder Haare von älteren Menschen.

JOJOBAÖL

Wirkung auf die Haut

- beruhigend und
- rückfettend.

Besonders geeignet für

... gereizte Haut.

Wirkung auf die Haare

- hilft bei Schuppen oder trockener Kopfhaut und
- schenkt den Haaren einen gesunden Glanz und versiegelt sie.

Besonders geeignet für

... trockene Haare.

DER RICHTIGE UMGANG MIT FESTEN SEIFEN

- Lagere deine Seifen so, dass sie nach dem Gebrauch von allen Seiten trocknen können.
- Diese Ablagen sind empfehlenswert: aufgehängtes Seifensäckchen, Luffaschwamm, Seifenigel aus Kokosfasern, Schale mit kleinen Steinen.
- Schneide große Seifenstücke in kleine Stücke. So wird nicht immer die komplette Seife wieder durchnässt. Auch auf Reisen sparst du so Platz im Koffer.
- Nicht zu viel von der Seife nehmen, so halten sie länger. Sei nicht irritiert, wenn die Seife nicht wie gewohnt schäumt. Manche natürlichen Seifen schäumen einfach nicht so stark, aber sie reinigen trotzdem genauso gut.
- Wenn du beim Haarewaschen zu wenig Schaum hast, kannst du deine Haare nach dem Einseifen kurz noch mal mit Wasser abbrausen. So lässt sich das Shampoo mehr aufschäumen und besser verteilen.

Duschgel

Das brauchst du

50 g Seife • 500 ml Wasser • Zutaten zum Verfeinern
etwas Speisestärke (Menge variiert je nach Basisseife)
einen Topf • Kochlöffel • ein Glas oder eine Flasche für das fertige Duschgel

So geht's

1. Rasple eine feste Seife in feine Stücke. Du kannst jede beliebige Seife verwenden, zum Beispiel eine selbst gemachte Seife, Seifenreste oder ein Stück Kernseife.

2. Erhitze das Wasser in einem Topf, bis es kocht. Rühre die kleinen Seifenstückchen ins Wasser und lass sie bei mittlerer Hitze schmelzen. Wenn du magst, kannst du dein Duschgel noch mit ein paar Zutaten zum Verfeinern ergänzen und diese jetzt unterrühren.

3. Wenn du die geschmolzene Seife und die zusätzlichen Zutaten gut verrührt hast, kannst du unter stetigem Rühren die Speisestärke hinzugeben. Je nachdem, was du für eine Basisseife verwendet hast, kann hier die Menge variieren. Es gibt hier eine gute Faustregel: Sobald das Duschgel die gewünschte Konsistenz hat, hast du genug Speisestärke verwendet. Bitte beachte beim Abschätzen der Konsistenz, dass dein Gel noch etwas fester wird, wenn es abgekühlt ist. Ist es doch etwas zu fest geworden, kannst du es einfach nochmals erhitzen und etwas mehr Wasser hinzufügen.

4. Jetzt ist dein Duschgel fertig und du kannst es in das Glas oder die Flasche füllen. Hast du etwas zu viel gemacht, kannst du einen Teil für später einfrieren. So wird nichts von deinem Duschgel schlecht.

Bodylotion

Das brauchst du

¼ Glas Kakaobutter • ¼ Glas reine Sheabutter • ¼ Glas Kokosöl
¼ Glas reines Mandelöl • einen Mixer oder eine Küchenmaschine (optional)

So geht's

1. Gib alle Zutaten in eine Schüssel und erwärme sie in einem Wasserbad. Lass die Schüssel so lange im Wasserbad, bis alle Zutaten vollständig geschmolzen sind, und vermische sie gut.
2. Stell die Schüssel für 1 Stunde in den Gefrierschrank. Um Energie zu sparen, lass die Schüssel vorher erst auf Zimmertemperatur abkühlen.
3. Ist die Masse komplett gehärtet, nimm sie aus dem Gefrierfach und mixe sie, bis eine cremige Lotion entsteht. Du kannst das entweder mit der Hand machen, mit einem Mixer oder mit einer Küchenmaschine.

Option

Möchtest du einen besonderen Duft, dann gib noch ein ätherisches Öl deiner Wahl hinzu.

Anwendung

Wenn deine Haut zum Beispiel nach dem Duschen Feuchtigkeit braucht, nimmst du eine walnussgroße Menge und reibst sie ein. Lass die Lotion am besten kurz einziehen, bevor du dich anziehst.

DIYS FÜR DIE HAARE

Der Umstieg von flüssigem zu festem Shampoo oder Haarseife lohnt sich! Du sparst jede Menge Verpackungsmüll – und die festen Produkte pflegen deine Haare aus meiner Erfahrung genauso gut.

Wenn du dich für ein festes Haarwaschprodukt entscheidest, ist es ganz wichtig, den Unterschied zwischen fester Haarseife und festem Shampoo zu kennen. Oft werden sie verwechselt und viele wissen beim ersten Ausprobieren gar nicht, dass hinter den unterschiedlichen Begriffen auch unterschiedliche Produktarten stehen. Es gibt kleine, aber feine Unterschiede bei der Anwendung, die für den Erfolg deiner Haarwäsche entscheidend sind. Hier findest du eine kleine Übersicht, und in den einzelnen Rezepten gehe ich auch genau darauf ein.

FESTE HAARSEIFE ...

- ist eine gesiedete Seife aus Fetten und Lauge,
- ist meist basisch,
- unterscheidet sich von Körperseifen im Überfettungsgrad,
- erfordert nach der Haarwäsche noch eine saure Rinse, da sonst bei kalkhaltigem Wasser eine Kalkseife in deinen Haaren zurückbleibt.

FESTES SHAMPOO ...

- ist wie Shampoo aus der Flasche,
- enthält Tenside,
- hat einen neutralen pH-Wert.

So gewöhnst du deine Haare an festes Shampoo

Viele flüssigen Shampoos in den Drogerien enthalten Silikone, die sich um die Haare und über die Schäden legen, sodass die Oberfläche schön glatt und geschmeidig wird. Diese Silikone kommen bei jeder Haarwäsche ins Abwasser und können nicht von unseren Abwassersystemen herausgefiltert werden. Wenn du zu einem Shampoo ohne Silikone wechselst, hast du vielleicht den Eindruck, dass die Haare von dem neuen Pflegeprodukt kaputtgehen. So ist es aber nicht! Die alten Schäden, die sonst immer überdeckt wurden, sind nun lediglich wieder sicht- und fühlbar.

Für die Umstellung beim Haarewaschen ist es hilfreich, dass du die Spitzen um ein paar Zentimeter schneiden lässt. Verwöhne deine Haare außerdem regelmäßig mit einer Maske oder einem Conditioner. Dann sehen deine Haare wieder schön gesund aus und die Umstellung wird gar nicht so schlimm! Lass dich am Anfang nicht beunruhigen, das neue Shampoo oder die neue Haarseife schädigt ganz bestimmt nicht deine Haare.

Festes Shampoo

Das brauchst du

50 g pflanzliches Tensid, zum Beispiel SLSA (Sodium Lauryl Sulfoacetate) oder SCI (Sodium Cocoyl Isethionate) • 50 g Maisstärke • 25 g Öl, Sheabutter oder Kakaobutter • 5–10 Tropfen ätherisches Öl

Achtung!

Da die Tenside in Pulverform vorliegen und so in die Atemwege gelangen können, solltest du bei der Zubereitung einen Mundschutz tragen.

So geht's

1. Gib das Tensid und die Maisstärke in eine Schüssel und vermische sie gut.
2. Füge nun das Öl oder die Butter hinzu und vermische die Zutaten erneut. Wenn du feste Öle verwendest, geht das am besten über einem Wasserbad.
3. Fülle die homogene Masse in die Form und presse sie fest zusammen.
4. Die Form kommt jetzt für etwa 2 Stunden bei 40–50 °C in den Backofen, um auszuhärten. Lass das Shampoo noch über Nacht in der Form ruhen. Dann kannst du es herausnehmen.

Anwendung

Schäume das Shampoo entweder in deiner Hand oder direkt auf der Kopfhaut auf. Massiere es gut entlang deiner Kopfhaut ein und spüle es danach mit Wasser aus. Da bei festen Shampoos keine Überfettung wie bei festen Haarseifen vorkommen kann, pflege ich meine Haare gerne noch zusätzlich mit einem Conditioner oder einer Haarkur (siehe Seite 93).

Ätherische Öle und ihre Wirkung

- *Lavendelöl unterstützt das Haarwachstum.*

- *Rosmarinöl verleiht mehr Haarfülle.*

- *Zitronengrasöl reduziert Schuppen.*

- *Teebaumöl entfettet die Haare.*

- *Zitronenöl wirkt antiseptisch und desinfiziert die Haare.*

Haarseife

Für die Haarseife kannst du zum Beispiel wieder das 25er-Rezept von Seite 72 verwenden. Dabei musst du nur die für deine Haare passende Überfettung wählen. Möchtest du nach dem Haarewaschen nicht immer eine saure Rinse verwenden, kannst du bei der Zubereitung deiner Haarseife etwas Zitronensäure hinzugeben.

So wählst du den richtigen Überfettungsgrad aus

2 Prozent:	leicht fettende dünne Haare
4 Prozent:	leicht fettendes Haar
6 Prozent:	normales Haar
8 Prozent:	schuppiges Haar
12 Prozent:	strapaziertes, trockenes Haar
14 Prozent:	dickes, sprödes Haar
16 Prozent:	trockenes Haar und trockene Kopfhaut

Generell gilt

Ein hoher Überfettungsgrad ist ideal für trockene Haare.

Ein niedriger Überfettungsgrad ist für leicht fettende Haare geeignet.

Saure Rinse

Wenn du deine Haare mit Haarseife wäschst, solltest du danach mit einer sauren Rinse den pH-Wert der Haare wieder ausgleichen. Das ist vor allem wichtig, damit sich die Schuppenschicht wieder gut an die Haare anlegt. Außerdem spülst du damit gerade bei kalkigem Wasser die Seifenreste aus deinem Haar. Die saure Rinse verleiht deinen Haaren einen schönen Glanz, macht sie weich und wieder leicht kämmbar.

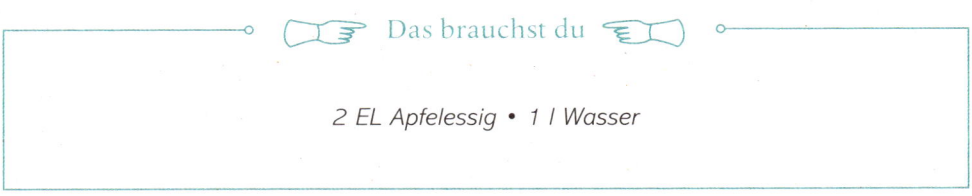

Das brauchst du

2 EL Apfelessig • 1 l Wasser

So geht's

1. Gib Apfelessig und Wasser in eine Schüssel und verrühre diese saure Rinse gut.
2. Nach dem Haarewaschen gibst du die saure Rinse einfach über deine Haare. Du musst sie danach nicht nochmals ausspülen. Keine Sorge: Der Essiggeruch verfliegt beim Trocknen.

Tipp

Weitere Möglichkeiten für eine pflegende Wäsche: Probier doch mal ein Roggenmehlshampoo. Dafür vermischst du 3 leicht gehäufte Esslöffel Roggenmehl (Type 1150) und 300 ml lauwarmes Wasser. Für mehr Glanz und Feuchtigkeit kannst du deine Haare auch mit Honig verwöhnen. Vermische 2–4 Teelöffel Honig mit 2 Teelöffeln lauwarmem Wasser und wasch dir damit die Haare.

Trockenshampoo

Das brauchst du

1 EL feine Heilerde • 1 EL Speisestärke • Kakaopulver • Zimt

So geht's

1. Vermische Heilerde und Speisestärke. Gib dann noch etwas Kakaopulver und Zimt hinzu, bis das Pulver deiner Haarfarbe ähnelt. Hier musst du einfach etwas experimentieren: Für dunkle Haare brauchst du mehr Kakaopulver als für helle, für rötliche Haare brauchst du mehr Zimt.
2. Zum Aufbewahren das Pulver in ein luftdicht verschließbares Glas geben.

Anwendung

Gib etwas Trockenshampoo mit einem Puderpinsel auf die gewünschte Stelle. Verteile es gut mit den Fingern, damit das Trockenshampoo auch in die unteren Haarschichten kommt. Lass das ganze 5–10 Minuten einwirken und kämm dir danach nochmals die Haare, um überschüssiges Pulver zu entfernen.

HAARKUREN

Maske für trockene Haare

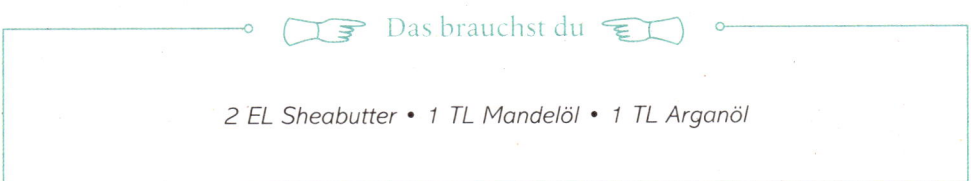

Das brauchst du

2 EL Sheabutter • 1 TL Mandelöl • 1 TL Arganöl

So geht's

In einem Wasserbad die Sheabutter erwärmen, bis sie flüssig ist. Dann die anderen Zutaten unterrühren. Die Maske auftragen, etwa ½ Stunde einwirken lassen und danach gründlich ausspülen.

Maske für fettiges Haar

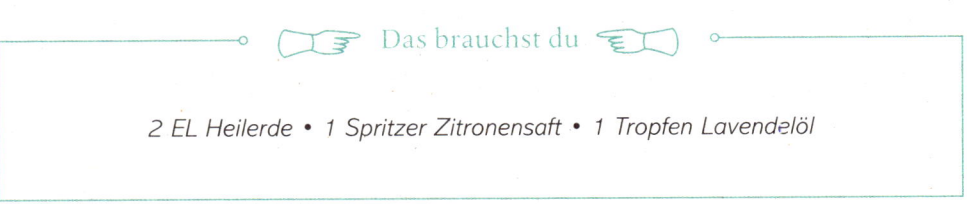

Das brauchst du

2 EL Heilerde • 1 Spritzer Zitronensaft • 1 Tropfen Lavendelöl

So geht's

Gib die Heilerde und den Zitronensaft in eine Schüssel. Danach gibst du unter ständigem Rühren so lange lauwarmes Wasser hinzu, bis die Haarkur eine schöne, streichfähige Konsistenz hat. Mische noch etwas Lavendelöl dazu. Die Maske auftragen, etwa ½ Stunde einwirken lassen und danach gründlich ausspülen.

SO GEWÖHNST DU DEINE HAARE AN WENIGER SHAMPOO

Wenn ich mich mit Freundinnen und Bekannten über Haare unterhalte, taucht immer wieder ein Hauptproblem auf: fettige Haare. Kennst du dieses Problem auch? Und warum fetten unsere Haare überhaupt so schnell?

Die Kopfhaut produziert den öligen wachsartigen Talg, der auch Sebum genannt wird und unsere Haare fettig erscheinen lässt. Im Prinzip ist das eine gute Sache: Der Talg überzieht unsere Haare mit einem dünnen Fettfilm, der als Schutzschicht dient und unseren Haaren Feuchtigkeit und Pflege verleiht. Ohne Talg könnten die Haare also gar nicht so schön glänzen!

Wird jedoch zu viel Talg produziert, dann sammelt sich eine zu große Fettschicht an unserem Haaransatz, sodass die Haare fettig und strähnig erscheinen. Bei uns in der Gesellschaft wird dies in der Regel mit unhygienisch oder ungepflegt gleichgesetzt, und daher waschen wir lieber schnell wieder unsere Haare. Das Shampoo trocknet unsere Kopfhaut aus und die Talkdrüsen arbeiten anschließend wieder auf Hochtouren, um unsere Kopfhaut und unsere Haare gesund zu halten. So entsteht der Teufelskreis des »zu viel Haarewaschens«. Um dem entgegenzuwirken, habe ich über die Jahre eine ganz gute Routine entwickelt, mit der ich meine Haare immer mal wieder von zu viel Shampoo entwöhne.

- Morgens und abends lange die Haare kämmen, damit sich der Talg bis nach unten in die Spitzen verteilt und man den Dreck wie zum Beispiel Hausstaub hinauskämmt. So wie es früher oft hieß, dass du deine Haare mit 100 Bürstenstrichen kämmen sollst. Ich verwende eine Holzbürste mit feinen Naturborsten, damit ich besser zwischen die einzelnen Haare komme.

- Die Haare mit einer kleineren Portion Shampoo waschen und nach und nach immer den Abstand zwischen den Haarwäschen mit Shampoo verlängern. Dazwischen spüle ich die Haare nach dem Bürsten gründlich mit bloßem Wasser ab. Das lässt sie wieder frisch aussehen und spült gleichzeitig den Staub heraus.

- Gewöhnt man die Haare gerade um, dann können sie noch leicht fettig ausschauen. Dann pudere ich den Ansatz ein wenig mit meinem selbst gemachten Trockenshampoo (siehe Seite 92). Davon nehme ich übrigens auch immer eine kleine Notfallportion für unterwegs mit. Falls meine Haare gegen Ende des Tages nicht mehr so frisch aussehen, kann ich es zwischendurch benutzen.
- Ich habe das Gefühl, dass die Haare mit mehr Talg vor allem bei hoher Luftfeuchtigkeit schwieriger trocknen und so strähnig aussehen, da sie noch eine gewisse Restfeuchte haben. Deswegen föhne ich die Haare immer, wenn ich sie nur mit Wasser gewaschen habe.
- Mit einem Zopf oder einer schönen Flechtfrisur überbrückst du leicht einen »Bad Hair Day«.

Hast du Lust, deine Haare an weniger Pflege zu gewöhnen, damit fettige Haare schon bald der Vergangenheit angehören? Dann probiere doch mal meine Haar-Challenge aus. Ich bin gespannt, wie es dir damit ergeht, und freu mich, wenn du deine Erfahrungen unter dem Hashtag #einfachplastikfreileben teilst.

30 Tage Less-Shampoo-Challenge

Tag 1: Morgens und abends gut durchkämmen. Haare mit Shampoo waschen.

Tag 2 bis Tag 4: Morgens und abends gut durchkämmen. Haare mit Wasser waschen und föhnen. Falls nötig, etwas Trockenshampoo verwenden.

Tag 5: Morgens und abends gut durchkämmen. Haare mit Shampoo waschen und föhnen.

Tag 6 bis Tag 9: Morgens und abends gut durchkämmen. Haare mit Wasser waschen und föhnen. Falls nötig, etwas Trockenshampoo verwenden.

Tag 10: Morgens und abends gut durchkämmen. Haare mit Shampoo waschen.

Tag 11 bis Tag 15: Morgens und abends gut durchkämmen. Haare mit Wasser waschen und föhnen. Falls nötig, etwas Trockenshampoo verwenden.

Tag 16: Morgens und abends gut durchkämmen. Haare mit Shampoo waschen.

Tag 17 bis Tag 22: Morgens und abends gut durchkämmen. Haare mit Wasser waschen und föhnen. Falls nötig, etwas Trockenshampoo verwenden.

Tag 23: Morgens und abends gut durchkämmen. Haare mit Shampoo waschen.

Tag 24 bis Tag 30: Morgens und abends gut durchkämmen. Haare mit Wasser waschen und föhnen. Falls nötig, etwas Trockenshampoo verwenden.

STYLING

Haarspray

 Das brauchst du

100 ml abgekochtes Wasser • 1–5 TL Zucker • eine Sprühflasche

So geht's

1. Gib das abgekochte Wasser mit 1–5 Teelöffel Zucker in eine Sprühflasche. Nimm für leichten Halt wenig Zucker und für starken Halt viel Zucker.
2. Schüttle die Mischung so lange, bis der Zucker aufgelöst ist.

Anwendung

Schüttle das Spray vor jeder Anwendung. Sprühe das Spray mit etwa 15 Zentimeter Abstand in deine Haare. Es hält sich etwa zwei Wochen.

Haargummis

Haargummis gehen immer mal wieder kaputt oder verloren. Und Strumpfhosen bekommen immer mal wieder Laufmaschen. Ist es nicht super, wenn du beides kombinieren kannst? Aus deinen alten Strumpfhosen kannst du dir nämlich stylishe Haargummis selbst machen.

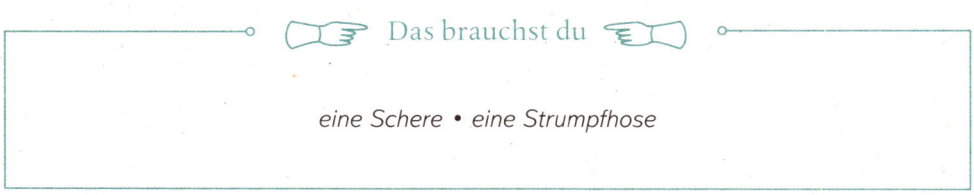

Das brauchst du

eine Schere • eine Strumpfhose

So geht's

1. Schneide bei deiner gewaschenen Strumpfhose den Fußteil und den Hüftteil gerade ab.
2. Leg nun die zwei übrig gebliebenen Schläuche der Beine waagerecht vor dich hin und schneide sie in circa 2 Zentimeter dicke Streifen, sodass Ringe entstehen. Fertig sind deine Haargummis und die Strumpfhose hat noch mal ein zweites Leben bekommen!

Tipp

Im Sommer finde ich am Strand im Sand immer viele Haargummis. Ich nehme gerne bei einem Beach-Clean-up teil. Dann kann ich nicht nur die Umwelt von Müll befreien, sondern finde auch zwischendurch noch nützliche Dinge. Nimm die Haargummis mit, die noch benutzbar aussehen, und koche sie zu Hause aus. Dafür gibst du etwas Natron ins Wasser. So werden die Haargummis gereinigt und sind wieder bereit für den Einsatz.

Lockenwickler

Lockenwickler kannst du aus zerlöcherten T-Shirts oder dem Hüftteil von Strumpfhosen zaubern. Nicht schlecht, oder?

☞ Das brauchst du ☜

eine Schere • ein T-Shirt oder eine Strumpfhose (gewaschen)

So geht's

1. Schneide deinen Stoff in etwa 5 Zentimeter breite Streifen.
2. Wasch deine Haare und lasse sie zu 80–90 Prozent trocknen. Kämm sie gut durch und unterteile sie in gleichmäßige Teile.
3. Wickle deine Haare von unten auf den Stoffstreifen auf. Bist du am Haaransatz angekommen, verknote die Enden des Streifens so, dass die Haare aufgewickelt bleiben. Wiederhole den Schritt 3, bis alle deine Haare aufgewickelt sind.
4. Lass deine Haare nun trocknen. Das geht super über Nacht oder eben mit einem Föhn, achte aber darauf, dass sie wieder komplett abkühlen, bevor du die Lockenwickler löst.
5. Löse die Stoffbänder vorsichtig und kämme deine Haare mit den Fingerspitzen durch. Damit die Locken den ganzen Tag über halten, gib ein bisschen Haarspray (siehe Seite 97) hinein.

DIYS FÜR DIE ZÄHNE

Zahnpasta

 Das brauchst du

2 EL Kokosöl • 1 TL Aloe-vera-Gel • 1 TL Natron
3–5 Tropfen ätherisches Öl (Minze oder Zitrone)

So geht's

1. Gib Kokosöl, Aloe-vera-Gel, Natron und das ätherische Öl deiner Wahl in eine Schüssel und vermische alle Zutaten gut.
2. Schon ist dein Zahnputzpulver fertig und du kannst es in ein Glas mit Deckel oder eine verschließbare Dose geben.

Tipp

Für mehr Zahnaufhellung kannst du in die Paste noch 1 Teelöffel Aktivkohle geben. Sie absorbiert den Schmutz von deinen Zähnen.

Anwendung

Benutze einen Spachtel oder einen Löffel, um die Zahnpasta auf deine Zahnbürste zu geben. So bleibt die Zahnpasta auch keimfrei. Fang danach einfach wie gewohnt an zu putzen.

ZAHNBÜRSTENHALTER

Da der Stamm aus Bambus zu schimmeln anfängt, wenn er zu lange in der Feuchtigkeit steht, ist es besser, die Zahnbürste nicht wie eine Plastikzahnbürste einfach in ein Glas zu stellen, da sich sonst am Boden das Abtropfwasser sammelt. Damit deine Zahnbürste nach dem Zähneputzen immer wieder gut trocknen kann, gibt es verschiedene Möglichkeiten:

1. Glas
Entweder du legst deine Bürste einfach quer darauf, dass sie quasi in der Luft schwebt.

2. Ständer
Für die Zahnbürsten gibt es extra runde Ständer, welche ein Loch in der Mitte haben, sodass das Wasser abfließen kann.

3. Kleine Steine
Möchtest du die Zahnbürste doch in einen Becher stellen, kannst du dir auch kleine Steine suchen, welche du an den Boden des Glases legst.

Zahnbürsten-Upcycling

Den Stiel deiner Bambuszahnbürste kannst du nutzen, um deine Kräuter zu kennzeichnen.

 Das brauchst du

deine alte Zahnbürste • einen Stift oder ein Messer

So geht's

1. Zupfe alle Borsten aus und entsorge sie im Restmüll.
2. Beschrifte den Stiel oder ritze den Namen der Kräuter hinein.
3. Steck den Bürstenkopf in die Erde – schon bist du fertig!

Die richtige Entsorgung der Bambuszahnbürste

Die Zahnbürsten bestehen aus Bambusstielen und Nylonborsten. Die Nylonborsten können recycelt werden. Das geht natürlich nur, wenn sie korrekt entsorgt werden. Wenn deine Zahnbürste ausgedient hat, entferne die Borsten mit einer Zange und gib sie in den Müll. Die Stiele kannst du entweder für ein Upcycling-Projekt weiterverwenden oder du gibst sie in den Kompost.

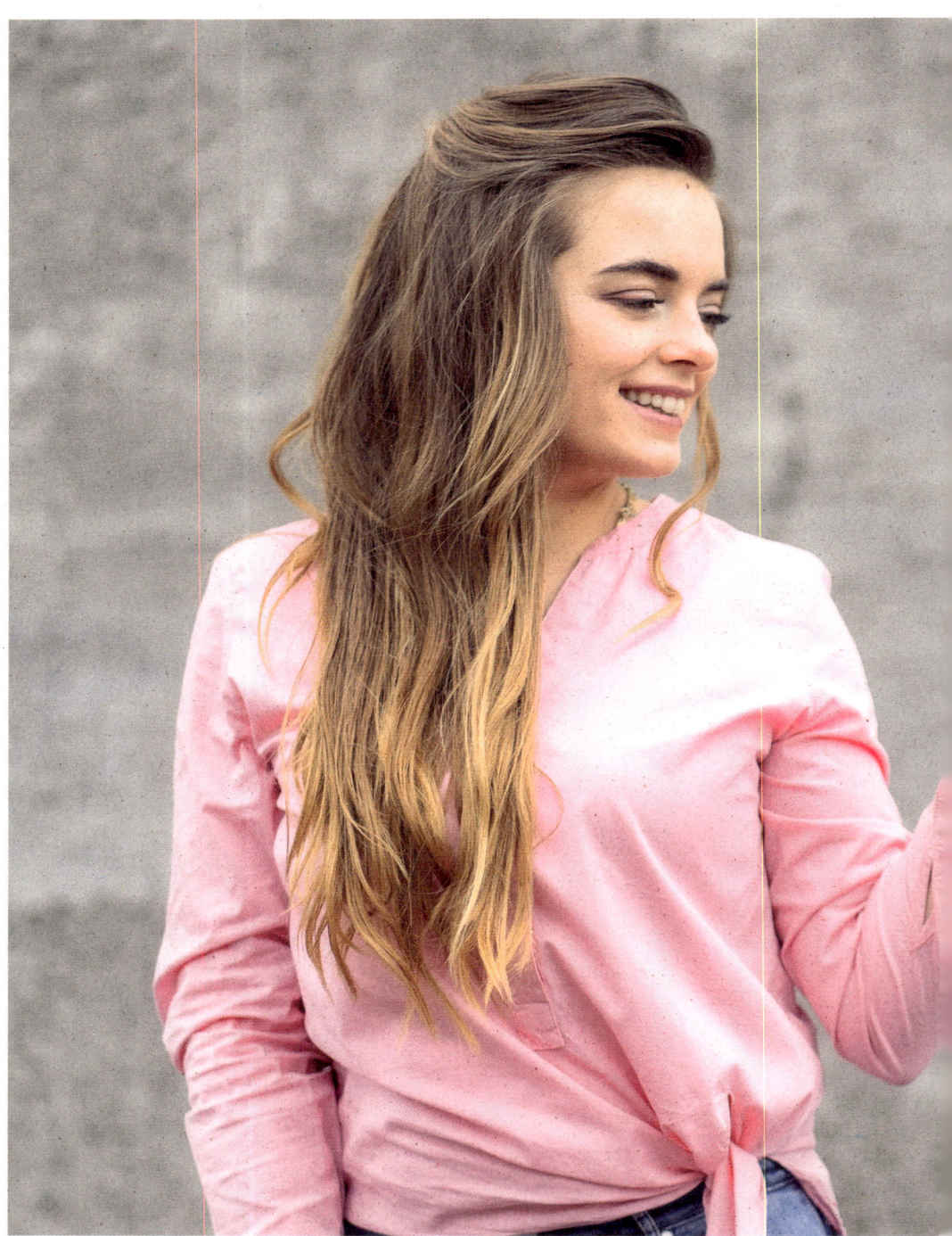

Haushalt

Früher hatte ich immer unzählige Plastikflaschen mit unterschiedlichen Putzmitteln im Schrank stehen. Damit ist jetzt zum Glück Schluss! Mit den folgenden Rezepten kannst du vor allem beim Putzen und Waschen jede Menge Plastik und Chemie vermeiden. Die Putzmittel sind nämlich nicht nur in Plastik verpackt, sondern enthalten auch wahnsinnig viel Chemie, die wir dann während des Putzens über die Haut oder über die Atemwege aufnehmen. Keine so schöne Vorstellung, oder? Die plastikfreien Reinigungsmittel sind zum Glück viel natürlicher und du kannst sie mit wenigen Zutaten und in kürzester Zeit herstellen. Neben diesen Mitteln brauchst du für deinen nachhaltigen Haushalt nur noch ein paar plastikfreie Hilfsmittel.

DIE PLASTIKFREIE GRUNDAUSSTATTUNG

- Reinigungsbürsten aus Holz und Naturfasern: Du kannst Sie zum Abspülen verwenden oder um den Rest des Haushalts zu reinigen. Es gibt sie in vielen Variationen.
- Spüllappen aus Zellulose oder Baumwolle: Eine tolle Alternative, die auch länger hält. Zwischendurch wasche ich sie und verwende sie dann weiter.
- Kleine Geschirrtücher aus Baumwolle: Die Tücher ersetzen bei mir die Papierküchenrolle und werden immer wieder gewaschen.
- Putzmittel: Das kannst du ganz leicht selber machen. Ansonsten gibt es mittlerweile auch Putzmittel in Tablettenform, die du in Wasser auflöst.
- Stofftaschentücher und -servietten: Damit sparst du viel Müll und sie schauen viel schöner aus. Ich benutze sie auch gerne als kleine To-go-Servietten.
- Edelstahleimer, großes Baumwolltuch, Schrubber aus Holz: Meine absoluten Must-haves für die Bodenreinigung! Das Baumwolltuch wandert regelmäßig in die Waschmaschine.

Qualität zählt!

Wenn du dir etwas Neues kaufst, achte auf gute Qualität. Das heißt für mich, dass das Produkt aus hochwertigen Materialien besteht und gegebenenfalls repariert werden kann. So bleiben einem die Produkte lange erhalten. Auf lange Sicht ist das auch immer der günstigere Weg einzukaufen, da man nur einmal Geld ausgibt und nicht alle paar Jahre wieder.

Checkliste

Welche Dinge im Haushalt möchtest du durch plastikfreie Alternativen ersetzen?

1.

2.

3.

4.

5.

DIYS ZUM WASCHEN

Waschmittel aus Kastanien

Hast du früher auch im Herbst gerne Kastanien gesammelt und daraus mit Zahnstochern kleine Männchen gebastelt? Nun sammeln wir sie wieder – allerdings zum Wäschewaschen. Rosskastanien enthalten Saponine – und diese chemischen Verbindungen verfügen über seifenartige Eigenschaften, wenn sie in Wasser gelöst werden. Du kannst deshalb ein kostenloses und natürliches Waschmittel aus ihnen herstellen.

Das brauchst du

10–15 trockene, saubere Kastanien • ein Messer • ein Glas • 600 ml Wasser

So geht's

1. Schäle die Kastanien und schneide sie in kleine Viertel.
2. Gib sie in ein Glas mit 600 ml heißem Wasser.
3. Lass dein neues Waschmittel mindestens 8 Stunden stehen. Das Wasser trübt relativ schnell ein und bekommt eine seifige Konsistenz.
4. Danach holst du die Kastanien heraus und schüttest das seifige Wasser in die Waschmaschine.

Waschmittelpulver

Waschmittel bereite ich gerne in Pulverform zu. Dann ist es nämlich länger haltbar als ein selbst gemachtes flüssiges Waschmittel. Du kannst es nicht nur aus Kastanien, sondern auch mit Soda, Natron und Seife herstellen.

Das brauchst du

200 g Olivenseife • 250 g Waschsoda • 250 g Natron • nach Belieben ätherisches Öl

So geht's

1. Rasple deine Olivenseife klein.
2. Mische Waschsoda und Natron mit den Seifenraspeln.
3. Gib bei jedem Waschgang etwa 2 Esslöffel vom Waschpulver in die Waschmaschine.
4. Gib noch 5 Tropfen ätherisches Öl in das Weichspülfach, wenn du möchtest, dass deine Wäsche besonders gut riecht.

Natron und Seife

Beide Stoffe sind sehr ähnlich, aber du solltest sie besser nicht verwechseln. Soda ist auch als Waschsoda, Kristallsoda oder Natriumcarbonat bekannt. Du findest Soda in vielen Drogerien und im Supermarkt bei den Reinigern, meist in Pulverform. Auch Natron findest du im Supermarkt und in der Apotheke. Es ist eines der am häufigsten benutzten Hausmittel.

Weichspüler

Das brauchst du

*500 ml Essig (weiß) • 500 ml Wasser • 2 EL Natron • 3 EL Zitronensäure
10 Tropfen ätherisches Öl (z. B. Zitronenöl) • ein großes Schraubglas oder eine Flasche*

So geht's

1. Gib zuerst Essig und Wasser in das gereinigte Schraubglas und schütte nun langsam das Natron und die Zitronensäure hinein. Achtung, es sprudelt vielleicht!
2. Füge nun das ätherische Öl hinzu.
3. Fülle das Gemisch in ein großes Schraubglas oder in eine Flasche. Zum Waschen brauchst du 2 Esslöffel Weichspüler.

113

ALTERNATIVEN ZUM WASCHEN

Durch zu häufiges Waschen werden Kleidungsstücke unnötig strapaziert. Nicht immer muss ein getragenes Stück in die Wäsche, oft helfen auch alternative Wege, um das Teil wieder einsatzfähig zu machen.

Lüften

Warst du in einem stickigen oder verrauchten Raum und die Kleidungsstücke haben den unangenehmen Geruch angenommen? Du musst sie nicht sofort waschen, oft hilft es auch, sie auf einem Bügel für mehrere Stunden nach draußen zu hängen. So haben sie Zeit, an der frischen Luft auszulüften, und danach riechen sie wieder viel besser!

Punktuelle Reinigung

Wer kennt es nicht: Du hast gerade einen frisch gewaschenen Pulli angezogen und schon ist ein kleiner Zahnpasta- oder Essensfleck darauf. Da musst du natürlich nicht immer gleich den ganzen Pulli in die Wäsche stecken, sondern es reicht oft, wenn du den Fleck punktuell in der Handwäsche mit etwas Waschmittel behandelst und wäschst.

Bürsten

Fussel oder Tierhaare kannst du leicht mit einer Kleidungsbürste loswerden. Hartnäckige Tierhaare lassen sich alternativ auch mit einem feuchten Tuch entfernen.

Steamen

Empfindliche Stoffe sollen möglichst wenig gewaschen und gebügelt werden. Ein Dampfglätter ist da hilfreich: Um die Kleidung von Bakterien zu befreien und wieder schön in Form zu bring, kannst du sie einfach steamen.

TRADITIONELLE HAUSFRAUENTIPPS

Blutflecken

Leg das Kleidungsstück gleich in kühles Wasser. Nach einer Weile wird sich das Blut wieder von dem Stoff trennen. Sind die Flecken weg, nimm es heraus und wasche es im nächsten Waschgang mit. Bei vielen oder großen Blutflecken wechsle zwischendurch das Wasser.

Blusenkragen reinigen

Ich rühre dafür eine kleine Essig-Natron-Paste an. Dafür nimmst du 3 Teelöffel Natron und 1 Teelöffel Essig, vermischst sie gut und schmierst die Paste großzügig auf den Fleck. Die Paste kurz einmassieren und ein paar Minuten einwirken lassen, danach auswaschen und das Kleidungsstück nochmals in die normale Wäsche geben.

Flecken auf weißer Wäsche

Besonders gut lassen sich hartnäckige Flecken auf weißer Wäsche mit Zitronensäure entfernen. Gib davon etwas auf den Fleck, massiere sie ein und lass das Ganze einige Minuten ruhen. Dann kannst du die Zitronensäure wieder herauswaschen.

Auch das Sonnenlicht kannst du dafür gut nutzen. Wenn du einen Fleck siehst, lege deine weiße Kleidung ein paar Stunden in die Sonne. Sie bleicht die Flecken wieder so weit aus, dass du sie beim nächsten Waschen wieder gut rausbekommst. Etwas Zitronensäure und ein Anfeuchten der Kleidung unterstützen die Wirkung.

Fettflecken

Gib auf frische Fettflecken am besten gleich etwas Mehl oder Stärke. Das saugt das Fett wieder aus der Kleidung. Lass das Mehl oder die Stärke auf dem Fleck trocknen und bürste es danach heraus.

DIYS ZUM PUTZEN

Allzweckreiniger-Spray

Das brauchst du

2 EL Natron • 1 EL Soda • 50 ml Essig
50 ml abgekochtes Wasser • eine Sprühflasche

So geht's

1. Gib das Natron und das Soda mit einem Trichter in die Sprühflasche.
2. Gib nun Essig und Wasser in die Flasche und schüttle sie so lange, bis sich das Pulver komplett gelöst hat.

Anwendung

Sprühe die Mischung auf die zu reinigenden Flecken. Bei starken Verschmutzungen circa 3 Minuten einwirken lassen und dann mit einem feuchten Lappen abspülen.

Tipp

Hast du keinen passenden Trichter, um Natron und Soda in die Sprühflasche zu füllen, dann roll einfach ein Stück Altpapier zusammen. Das funktioniert genauso gut!

Einfaches Zitronen-Spülmittel

 Das brauchst du

3 Bio-Zitronen • 100 ml Apfelessig • 200 g Speisesalz • 400 ml Wasser
einen Pürierstab oder Mixer • einen Kochtopf • ein Küchensieb und eine Schüssel
Gläser oder Flaschen für das fertige Spülmittel

So geht's

1. Die Zitronen in kleinere Stücke schneiden und pürieren, sodass eine schöne gleichmäßige Masse entsteht. Sieb gegebenenfalls die größeren Stückchen heraus.
2. Gib die restlichen Zutaten und die pürierten Zitronen zusammen in einen Topf und vermenge sie gut miteinander.
3. Lass den Brei etwa 15 Minuten bei mittlerer Hitze köcheln.
4. Füll das abgekühlte Spülmittel in die bereitgestellten Gläser.

Anwendung

Zum Abwaschen gibst du 1–2 Esslöffel in dein Spülbecken oder in die Spülmaschine. Das Spülmittel schäumt nicht wie gewohnt, aber es reinigt trotzdem wunderbar.

Tipp

Es gibt praktische Glasaufsätze wie zum Beispiel einen Pumpdeckel für das Spülmittel. Du findest die Aufsätze in Unverpackt-Läden oder in Onlineshops.

WUNDERMITTEL NATRON

Natron kann man nicht nur gut in der Küche zum Backen verwenden, sondern es eignet sich auch super zum Reinigen. Du kannst es für die verschiedensten Dinge benutzen. Einige praktische Möglichkeiten stelle ich dir nun genauer vor.

Mit Natron Gerüche neutralisieren

Polstermöbel

Polstermöbel lassen sich nicht immer gut waschen. So setzt sich nach einiger Zeit meistens ein stärkerer Geruch fest, und auch Flecken bleiben dort hartnäckig. Um die Flecken und den Geruch wieder loszuwerden, reicht es oft, die Polster mit Natronpulver zu bedecken und das Pulver mindestens 12 Stunden einwirken zu lassen. Danach saugst du das Pulver einfach wieder ab.

Schuhe

Wenn Schuhe nach einer Weile einen starken Schweißgeruch haben, kannst du die Sohlen einfach mit einer Schicht Natron bedecken und über Nacht so stehen lassen. Danach entfernst du das weiße Pulver, wischst die Schuhe eventuell noch feucht aus, und die Schuhe riechen wieder viel frischer.

Kühlschrank

Auch im Kühlschrank setzt sich oft ein unangenehmer Geruch fest. Du kannst eine kleine Schale mit Natron (100 Gramm reichen schon) hineinstellen. So verfliegt der unangenehme Geruch innerhalb von wenigen Stunden.

Abfluss reinigen

Ist der Abfluss leicht verstopft, schüttest du erst 2 Esslöffel Natron hinein und gießt dann noch ½ Tasse Essigessenz und ½ Liter heißes Wasser hinein. Danach nutzt du den Abfluss am besten 1 Stunde lang nicht, damit die Mischung gut arbeiten kann. Danach ist der Abfluss wieder frei.

Die Mischung hilft bei leichter Abflussverschmutzung. Bei stärkerer Verschmutzung und wenn viele Haare im Abfluss hängen geblieben sind, brauchst du einen Abflussstab. Den Stab senkst du in den Abfluss, und wenn du ihn wieder hochziehst, bleibt der Schmutz daran hängen und du ziehst ihn ebenfalls mit heraus. Keine Sorge: Es gibt mittlerweile auch plastikfreie Abflussstäbe aus Holz.

Reinigungspaste für Flecken aller Art

Egal, ob du Flecken auf Oberflächen entfernen möchtest oder dich ein Fleck auf der Bluse stört, diese Paste hilft immer. Vermenge einfach 3 Esslöffel Natron mit 1 Esslöffel Wasser zu einer Paste und trage davon eine dicke Schicht auf die Flecken auf. Ich lass das Ganze dann meistens ein bisschen einwirken und reibe danach vorsichtig mit einem Tuch über den Fleck. Danach wasche ich dann das Natron heraus.

Tee, Kaffeereste oder Verbranntes entfernen

Vor allem meinen wiederverwendbaren To-go-Becher muss ich alle paar Wochen reinigen. Vom Tee bekommt er Flecken, die beim normalen Abwaschen nicht verschwinden. Zur Reinigung gebe ich 1 Teelöffel Natron in den Becher und gieße bis zum oberen Rand heißes Wasser hinein. Das Ganze lasse ich etwa 15 Minuten stehen, dann wasche ich den Becher ganz normal aus. Nach der Reinigung mit Natron schaut er wieder aus wie neu!

Diese Methode kannst du übrigens auch bei allen anderen Gefäßen anwenden, in denen sich hartnäckige Verschmutzungen bilden. Wenn mal ein Gericht angebrannt ist und sich der Topf oder die Pfanne anschließend nicht komplett reinigen lässt, hilft Natron auch. Ich gebe dann 1 Esslöffel Natron in den Topf oder in die Pfanne auf dem Herd, füge Wasser hinzu und lasse das Ganze so lange auf mittlerer Temperatur köcheln, bis sich die Flecken wieder gelöst haben.

Duschkopf und Wasserhahn reinigen

Kalkablagerungen entferne ich mit einer Mischung aus Tafelessig und Natron. Gib dafür Essig und Wasser im Verhältnis 1 : 1 in ein Gefäß und leg deinen Duschkopf hinein. Dann streust du einige Teelöffel Natron darüber und lässt alles ein paar Stunden oder über Nacht einwirken.

Eine fest verbaute Armatur kannst du auch von Kalk befreien: Gib die Essig-Wasser-Natron-Mischung am besten in eine Tüte, die du über die Armatur stülpst und mit etwas Garn befestigst. Lass alles gut einwirken, bevor du die Tüte wieder entfernst – am besten über Nacht.

Schimmel entfernen

Wenn du im Bad oder in der Küche Schimmelflecken entdeckst, kannst du sie mit einer Natronlösung entfernen. Dafür löst du 2 Esslöffel Natron in 1 Liter Wasser auf. Mit dieser Lösung wischst du dann die schimmligen Stellen gut ab. Bei besonders hartnäckigen Flecken streue ich immer zusätzlich noch etwas Natron direkt auf den Wischlappen. Danach wischst du am besten nochmals mit Essig über die Stellen, damit die Schimmelsporen komplett unschädlich gemacht werden.

Etiketten lösen

Leere Gläser und Flaschen kannst du im plastikfreien Alltag immer gut gebrauchen. Nur die alten Etiketten stören, aber dank Natron sind sie schnell entfernt. Gib einfach eine Mischung aus Natron und etwas Pflanzenöl auf die Etiketten und dann kannst du sie nach einer kurzen Einwirkzeit gut ablösen.

DIYS ZUM EINRICHTEN

Duschvorhang

Nicht nur bei Seifen und Shampoos verzichten wir auf Plastik. Auch der Duschvorhang ist bei mir aus Stoff. Du brauchst ihn nicht kaufen, sondern kannst ihn einfach selbst aus einem Stoff oder einem alten Vorhang herstellen.

 Das brauchst du

einen dünnen Leinenstoff (trocknet besonders schnell) oder einen Baumwollvorhang

einen Stift • eine Bohrmaschine • 2 Schraubhaken

ein Maßband • Schnur

So geht's

1. Markiere an der Wand jeweils die zwei Punkte links und rechts, wo du den Duschvorhang aufhängen möchtest. Bohre an diesen Stellen jeweils ein Loch in die Wand und schraube die Haken hinein.

2. Miss den Abstand zwischen den zwei Haken. Addiere für jedes Ende 2–4 Zentimeter.

3. Schneide die Schnur in die passende Länge und mache an jedem Ende eine Schlaufe in die Schnur.

4. Jetzt kannst du den Vorhang auf die Schnur fädeln und die Schlaufen der Schnur an den beiden Haken einhängen.

Tipp

Achte darauf, dass du den Duschvorhang nach jedem Duschen ausbreitest, damit er schnell wieder trocknen kann.

CAPSULE WARDROBE

Oft hatte ich trotz eines vollen Kleiderschranks das Gefühl, dass ich nichts anzuziehen habe. Das kennst du bestimmt, oder? Statt ständig einkaufen zu gehen und neue Klamotten nach Hause zu bringen, habe ich mich für eine Capsule Wardrobe entschieden. Das ist eine nachhaltige Lösung, bei der du dich auf wenige Kleidungsstücke reduzierst, die du gut kombinieren kannst. Willst du das auch einmal ausprobieren? So gehst du am besten vor:

1. Mach dir Gedanken, was in der nächsten Zeit ansteht. Was ziehst du dabei gerne an?
2. Achte auf gute Qualität deiner Kleidung, damit sie möglichst lange hält, und kaufe am besten nur Fair-Fashion-Kleidung. Auch Secondhand-Kleidung ist gut!
3. Wenn du schon im Laden an dem neuen Teil herumzupfst und unsicher bist, ob es dir steht, lass es lieber dort und schaue nach etwas anderem, das dich wirklich überzeugt.
4. Überlege dir vor jedem neuen Kauf, ob du schon etwas Ähnliches zu Hause hast.
5. Passt das neue Teil in deine Garderobe? Kannst du es gut kombinieren?

Damit die Kleidungsstücke gut zusammenpassen, sollten die meisten Teile leicht miteinander kombinierbare Grundfarben haben. Hinzu kommen dann ein paar wenige besondere Teile mit Akzentfarben oder Mustern, um deiner Garderobe Individualität zu verleihen.

Tipp

Um immer einen genauen Überblick zu haben, fotografiere ich die einzelnen Teile und speichere die Bilder in einem Extra-Ordner in meinem Handy. Wenn ich tatsächlich einmal shoppen gehe, kann ich immer nachsehen, was ich alles schon habe. So verhindere ich, dass ich zu viel kaufe.

STREICHEN

Bei der Wandfarbe kannst du nicht nur die Plastikverpackung einsparen, sondern dich auch vor der Aufnahme von Schadstoffen schützen. Für Wandfarben werden Kunststoffe als Bindemittel verwendet, die du vor allem durch die Atemwege aufnimmst. Zum Glück gibt es dafür aber eine tolle plastikfreie Alternative, und zwar Kalkfarbe. Kalkfarbe bekommst du im Naturbaumarkt und kannst dort auch passende Pigmente kaufen, um deine favorisierte Farbe daheim anzurühren. Mit der Kalkfarbe lassen sich schöne, gleichmäßige Flächen streichen, aber du kannst damit auch schöne Farbeffekte erzielen. Klebeband gibt es aus Papier und zum Schutz des Bodens hol ich mir einfach etwas Zeitungspapier aus der Papiertonne.

MÖBEL

Beim Möbelkauf kannst du auf verschiedene Dinge achten:

- Material: Gute Möbel aus natürlichen Materialen wie Holz oder Metall bleiben dir eine Ewigkeit erhalten. Sie lassen sich immer wieder reparieren und auffrischen. Möbel aus Spanholz gehen schneller kaputt und lassen sich nicht mehr so leicht verschönern.
- Herkunft: Du kannst dir von einer regionalen Firma aus der nachhaltigen und fairen Herstellung ein Möbelstück kaufen oder dir von einem Schreiner direkt das passende Einzelstück für die Wohnung konzipieren lassen.
- Secondhand: Wie so vieles haben wir auch Möbel im Überschuss. Deswegen findet man auf Secondhand-Plattformen eigentlich meistens etwas. Das Tolle daran: Du schonst nicht nur Ressourcen, sondern sparst auch viel Geld. Oft werden fast neuwertige Dinge wegen eines Umzugs verschenkt.

Wenn du beim nächsten Umzug diese drei Punkte im Kopf hast, kannst du deine Wohnung viel nachhaltiger einrichten. Ich finde eine Mischung am besten.

Lebens-mittel

Lebensmittel brauchen wir jeden Tag – umso wichtiger, dass wir dafür plastikfreie Lösungen kennen, oder? Es gibt leider gleich zwei Müllprobleme: Zum einen die Plastikverpackungen und zum anderen die nicht verwerteten und weggeschmissenen Lebensmittel. Für eine nachhaltige Zukunft sollten wir diese beiden Aspekte schleunigst in den Griff bekommen.

Die Plastikverpackungen sind nicht nur ein Umweltproblem, sondern tragen wieder dazu bei, dass wir die Schadstoffe der Kunststoffe direkt in uns aufnehmen. Egal, ob die Lebensmittel in Plastik abgepackt, gelagert, erhitzt oder damit zubereitet werden – es gelangen in allen Fällen kleine Plastikteilchen oder daraus entwichene Schadstoffe in unseren Organismus. Das anschaulichste Beispiel dafür finde ich Plastikbretter. Wenn du dir ein etwas älteres Modell ansiehst, fallen dir sicher gleich die Rillen auf dem Brett auf. An diesen Stellen fehlen Plastikstückchen, die im Laufe der Zeit mit dem frisch geschnittenen Gemüse ins Essen und damit auf deinem Teller gelandet sind. Das ist kein sehr appetitlicher Gedanke, oder? Aus diesem Grund war es mir wichtig, in der Küche besonders schnell plastikfreie Alternativen zu verwenden. Ich möchte einfach, dass meine Nahrungsmittel nicht mehr mit Kunststoff in Berührung kommen.

Lebensmittel plastikfrei einzukaufen, ist am Anfang eine der größten Herausforderungen – aber keine Sorge, nach einer kurzen Eingewöhnungsphase klappt es super. Zunächst musst du herausfinden, wo du alles ganz ohne Plastik einkaufen kannst. Durch diese wichtigen Umstellungen kannst du wahnsinnig viel Plastikmüll sparen, deshalb lohnt es sich auch, für deine Einkäufe eventuell einen kleinen Umweg in Kauf zu nehmen. Damit dieser Mehraufwand so gering wie möglich bleibt und sich immer noch gut in den Alltag integrieren lässt, habe ich meine Einkäufe nun anders strukturiert. Normalerweise bin ich einmal wöchentlich in den Supermarkt gegangen und hab mir alles in den Einkaufswagen gelegt, was ich gebraucht habe. Mittlerweile gehe ich auch einmal die Woche einkaufen, habe aber meinen Einkauf in unterschiedliche Gruppen unterteilt.

- Einmal im Monat gehe ich in den Unverpackt-Laden. Dort finde ich alles, was es sonst nicht so leicht plastikfrei oder müllfrei zu finden gibt. Zum Beispiel: trockene Lebensmittel wie Nudeln oder Reis, Essig und Öl, Nüsse, Müsli, Gewürze, Schokolade und vieles mehr.
- Jede zweite Woche gehe ich in den Biomarkt zur Frischetheke und lasse mir dort Lebensmittel wie Käse oder Antipasti in meine Edelstahlbox füllen.
- Wöchentlich schaue ich am Obst-und-Gemüse-Stand in der Nähe vorbei und kaufe dort frische Lebensmittel ein, die ich in meine eigenen Stoffbeutel fülle.

Mit dieser Methode kannst du eine hilfreiche Struktur in deine Einkäufe bringen. Du sparst so Zeit, machst keine Umwege und benutzt keine Einwegverpackungen. Ich habe die Erfahrung gemacht, dass ich dann auch weniger Lebensmittel wegwerfen muss. Mir fällt es leichter, erst einmal alles aufzubrauchen und nicht spontan im Supermarkt immer noch etwas mitzunehmen, was ich vielleicht schon zu Hause habe.

Da sind wir auch schon beim zweiten Problem – bei der Lebensmittelverschwendung. In der heutigen Zeit ist das ein wichtiges Thema, bei dem jeder etwas verändern kann. Ich finde es wichtig, nur so viel zu kaufen, wie ich auch benutzen kann. Bei meinen DIYs im Bereich Lebensmittel sind deshalb auch einige Anregungen dabei, um im Haushalt weniger Lebensmittel wegzuwerfen und Reste zu verwenden.

DIE PLASTIKFREIE GRUNDAUSSTATTUNG

- Gemüse- und Obstbeutel aus Stoff: Mit den Baumwollbeuteln gehe ich zum Obst- und Gemüsehändler, aber auch zum Bäcker oder in den Unverpackt-Laden, um trockene Lebensmittel einzukaufen. Auf das Etikett notiere ich das Eigengewicht des Beutels oder ich sticke es in den Stoff, damit an der Kasse immer schnell das Gewicht abgezogen werden kann und nur meine Einkäufe gewogen werden.
- Boxen aus Edelstahl oder Glas: Sie eignen sich perfekt, um an der Frischetheke einkaufen zu gehen oder Lebensmittel im Kühlschrank aufzubewahren. Ich nutze die Boxen aber nur, um an der Frischetheke einkaufen zu gehen. Wenn man sie auch für trockene Lebensmittel verwendet, kann die Einkaufstasche sehr schnell schwer und sperrig werden.
- Schneidebrett aus Holz oder Stein: Sie schauen nicht nur super aus, damit landen beim Schneiden auch keine Plastikteilchen im Essen.
- Kochbesteck aus Holz, Edelstahl oder Emaille: Da diese Produkte oft mit unserem (heißen) Essen in Berührung kommen, war es mir besonders wichtig, sie als eines der ersten Dinge auszutauschen.
- Einweckgläser oder Gurkengläser zum Aufbewahren: Viele Einweggläser, für die es kein Pfand gibt, benutze ich zu Hause weiter. Um die Etiketten zu lösen, stelle ich sie eine halbe Stunde in heißes Wasser und gebe etwas Spülmittel und Natron hinzu. Danach fallen sie meist schon von alleine ab. Die Gläser nutze ich gerne zum Aufbewahren, zum Essen-Mitnehmen, aber auch zum Einkaufen statt meiner Boxen.
- Bienenwachstücher: Baumwoll- oder Leinentücher, die mit Bienenwachs überzogen worden sind, sind eine nachhaltige Alternative zu Frischalte- und Alufolie. Du kannst sie bis zu einem Jahr verwenden. Ich nutze sie gerne, um Schüsseln abzudecken, oder wickle sie um halb aufgeschnittenes Obst oder Gemüse, um die Schnittstellen zu

schützen. Übrigens: Bekommst du mal ein Glas nicht auf, dann wickle ein Bienenwachstuch herum, so kannst du das Glas besser festhalten und es geht kinderleicht auf.

- Unbeschichtete Pfannen und Töpfe: Antihaftpfannen und -töpfe sind oft mit Kunststoffen beschichtet, von denen während des Kochvorgangs Schadstoffe ins Essen gelangen können. Benutze deshalb lieber Materialien wie Eisen, Edelstahl oder Emaille.

- Wasserkocher: Das Innere eines Wasserkochers besteht in der Regel aus Plastik, beim Aufkochen kommt das Wasser also ständig mit Plastik in Kontakt. Zum Schutz deiner Gesundheit kannst du das Wasser stattdessen entweder im Topf aufkochen oder einen Wasserkessel verwenden, den du wie den Topf direkt auf den Herd stellst.

Checkliste

Welche Dinge in der Küche möchtest du durch plastikfreie Alternativen ersetzen?

1.

2.

3.

4.

5.

Tipp

Wenn du noch ganz viele Tupperdosen zu Hause hast, kannst du sie zum Beispiel dafür nutzen, außerhalb der Küche deine Schubladen oder Schränke besser zu sortieren. So kommt kein Plastik mehr an deine Lebensmittel, aber du musst die Tupperdosen auch nicht wegschmeißen. Beim plastikfreien Leben wollen wir schließlich nicht bezwecken, dass alles Plastik sofort im Müll landet. Bei Lebensmitteln bin ich natürlich wegen meiner eigenen Gesundheit sehr streng. Da achte ich aber darauf, dass ich die aussortierten Produkte noch irgendwie anders einsetzen kann, oder spende sie. Nur Produkte, die Mikroplastik enthalten, würde ich sofort entsorgen und auch niemandem schenken.

DIYS FÜR LEBENSMITTEL UND KÜCHENHELFER

Bienenwachstücher

Bienenwachstücher sind die perfekte Alternative zu Frischhalte- oder Alufolie. Sie sind plastikfrei, wiederverwendbar und halten deine Lebensmittel genauso frisch. Ich wickle sie unter anderem um Brot, decke damit Schüsseln mit Essensresten ab und verpacke Käse darin.

Das brauchst du

Bienenwachs (am Stück oder in Pellets) • ein dünnes Baumwoll- oder Leinentuch (gut gewaschen) • Backpapier oder Butterbrotpapier ein Bügeleisen und -brett • Jojobaöl

So geht's

1. Schneide den Stoff in die passende Größe. Das Wachstuch sollte immer 4–7 Zentimeter größer sein als die Schüssel, die Schale oder was du gerne damit abdecken möchtest. Sonst hält es nicht gut!
2. Lege erst das Papier auf das Bügelbrett und dann darauf den Stoff. Damit du keine Flecken durch das flüssige Bienenwachs verursachst, sollte das Papier an jeder Kante etwa 10 Zentimeter größer sein.
3. Verteile die Bienenwachsstücke gleichmäßig auf dem Stoff. Wenn du ein ganzes Stück benutzt, dann rasple oder schneide es erst klein. Die benötigte Menge Bienenwachs hängt von der Größe des Stoffs ab. Fang einfach mit etwas weniger Wachs an und streu gegebenenfalls noch mal etwas nach. Gib noch etwas Jojobaöl zum Wachs, dann wird das Bienenwachstuch flexibler.

4. Lege auf das Stofftuch mit den Wachsstückchen noch eine zweite Schicht Backpapier. Es sollte am besten wieder 10 Zentimeter über den Rand hinausragen.
5. Bügle das Wachs vorsichtig bei mittlerer Hitze von innen nach außen in den Stoff. Achte darauf, dass das Bienenwachs flächendeckend verteilt wird und auch an allen Rändern und Ecken Wachs ist.
6. Löse das Tuch langsam vom Backpapier und hänge es zum Auskühlen auf. Nach etwa 20 Minuten ist es für den ersten Einsatz bereit.

So findest du die richtige Menge Wachs für dein Tuch:
- Wenn du an einer Stelle zu wenig Wachs draufgestreut hast, streue einfach etwas nach.
- Merkst du, dass du zu viel Wachs genommen hast, dann bügle es von innen nach außen aus dem Tuch heraus.

Reinigung

Um mein Wachstuch zu reinigen, lege ich es ausgefaltet auf meine gereinigte Arbeitsplatte und wasche es mit Wasser und Spülmittel von beiden Seiten ab.

Achtung!

Halte es nicht unter zu heißes Wasser, da das Bienenwachs sonst wieder schmelzen kann. Wegen Bakterien brauchst du dir keine Gedanken machen, da das Bienenwachs eine antiseptische Wirkung hat.

Haltbarkeit & Reparatur

Das Tuch ist je nach Gebrauch ein bis eineinhalb Jahre haltbar. Wenn du merkst, dass sich an einer Stelle durch das häufige Knicken das Bienenwachs löst und dass das Tuch nicht mehr die übliche Klebekraft besitzt, brauchst du es noch nicht wegwerfen. Bügle nochmals ein paar Bienenwachsstückchen in den Stoff – und schon ist das Tuch wieder aufgefrischt!

Stoff

Als Stoff kannst du entweder einen neu gekauften verwenden oder zum Beispiel einem löchrigen Laken ein neues Leben schenken. Das einzige Wichtige ist, dass der Stoff dünn und fein gewebt ist, damit das Tuch schön flexibel ist. Mit bunten Tüchern sieht es besonders schön aus.

Tipp

Wenn du die Stoffenden mit einer Zickzackschere schneidest, fusselt der Stoff am Rand nicht aus.

137

Eispops

Im Sommer freue ich mich über jede Abkühlung und diese veganen, plastikfreien Eispops sind Jahr für Jahr ein echtes Highlight!

Das brauchst du

Eisform • Holzstiele oder Löffel • frische Früchte oder Fruchtsaft
Wasser • eventuell einen Mixer • einen Topf, ein Gurkenglas oder eine Kanne

So geht's

1. Wasch deine Eisformen gründlich aus.
2. Nun kannst du zwischen drei unterschiedlichen Optionen wählen:

Option 1

Schneide die Früchte in kleine Stücke und lege sie ins Wasser, sodass alle Früchte gut mit Wasser bedeckt sind. Stell den Topf oder das Glas mit den Früchten und dem Wasser am besten in den Kühlschrank und lasse das Ganze etwa 4 Stunden ruhen. So hat das Wasser genug Zeit, den Geschmack der Früchte anzunehmen.

Option 2

Gib die geschnittenen Früchte mit etwas Wasser in einen Mixer und mixe sie zu einem Smoothie.

Option 3

Wenn es schnell gehen soll, kannst du auch einen fertigen Saft verwenden.

3. Gib nun das Früchtewasser, den Smoothie oder den Saft in die Formen und platziere die Eisstiele.

4. Die befüllten Formen müssen nun über Nacht in das Gefrierfach, und schon ist das selbst gemachte Eis fertig.

Tipp

Wenn du keine Eispop-Formen hast, kannst du auch einfach kleine Gläser oder Becher als Form und Teelöffel als Stiele benutzen. Damit die Stiele gerade im Eis festfrieren, steckst du sie erst durch einen Bierdeckel oder einen Karton.

Infused Water

In Deutschland haben wir das Glück, dass wir unser Leitungswasser trinken können. Zur Abwechslung bereite ich mir gern ein Früchtewasser zu. Das schmeckt super, ist gesund und hilft garantiert dabei, tagsüber genug zu trinken.

Das brauchst du

Früchte oder Gemüse oder Kräuter • eine große Kanne oder Karaffe • Wasser

So geht's

1. Schneide die Früchte, das Gemüse oder die Kräuter in mittelgroße Stücke. Möchtest du lieber einen Saft haben, dann press einfach ein paar Früchte aus.
2. Füll deine Karaffe mit Wasser und gib die Stückchen oder den Fruchtsaft hinzu.
3. Nach etwa 30 Minuten kannst du das Wasser trinken.

Kräuterwürfel

Im Sommer haben wir reichlich frische Kräuter zur Verfügung. Mach dir doch einfach ein paar Kräuterwürfel, dann hast du auch im Winter einen Vorrat. Eine echte Win-win-Situation!

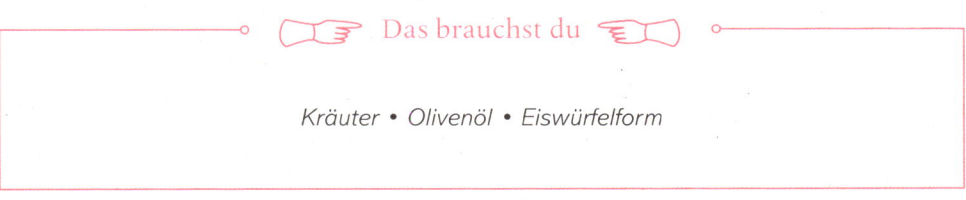

☞ Das brauchst du ☜

Kräuter • Olivenöl • Eiswürfelform

So geht's

1. Hacke deine Kräuter klein, bis sie die gewünschte Größe haben, und gib sie in eine Schüssel.
2. Gib in die Schüssel so viel Olivenöl, dass die Kräuter bedeckt sind, und rühre kräftig um.
3. Gib das Gemisch in die Eiswürfelform und friere sie über Nacht ein.
4. Die Kräuterwürfel aus der Schale drücken und in einem Einweckglas im Gefrierfach lagern.

Brotteig

Das brauchst du

½ Würfel frische Hefe • 250 ml lauwarmes Wasser
500 g Weizenmehl (Type 1050) • 2 TL Salz • 2 EL Zucker
eine große Schüssel • ein großes Stofftuch

So geht's

1. Verrühre nach und nach die Hefe in 250 Milliliter lauwarmem Wasser, bis sie sich komplett aufgelöst hat.
2. Gib nun auch Mehl, Salz und Zucker in die Schüssel und knete den Teig etwa 10–15 Minuten, bis er schön geschmeidig ist.
3. Nun muss der Teig ruhen. Decke ihn mit dem Tuch gut zu und lasse ihn für 1 Stunde an einem wärmeren Ort ruhen. Während der Ruhephase quillt er etwa auf die doppelte Größe an.
4. Nach der Ruhephase muss der Teig noch einmal durchgeknetet und in die gewünschte Form gebracht werden.
5. Das Brot kommt jetzt in den vorgeheizten Backofen. Backe es auf einem Backblech mit Backpapier bei 180 °C Umluft für etwa 40 Minuten. Je nachdem, was du deinem Brot für eine Form gibst, kann die Zeit im Ofen variieren. Deswegen schau am besten immer mal wieder zwischendurch nach deinem Brot.

Toppings

Die Toppings kannst du nach Schritt 4 hinzufügen. Dafür eignen sich zum Beispiel:

- Sonnenblumenkerne,
- Sesam,
- Kürbiskerne,
- Haferflocken.

Zutaten zum Verfeinern

Du kannst dein Brot mit verschiedenen Zutaten verfeinern. Diese kannst du nach Schritt 2 in den Teig einarbeiten. Es eignen sich zum Beispiel:

- Nüsse und Kerne,
- getrocknete Tomaten,
- klein gehobeltes Gemüse wie zum Beispiel Karotten oder Zucchini,
- Gewürze wie Rosmarin, Chili, Kümmel, Estragon, Oregano und andere mehr.

Getrocknetes Brot weiterverwenden

- Auffrischen: Befeuchte das Brot mit Wasser und lege es bei etwa 150 °C in den Ofen. Das Brot wird so wieder weich und du kannst es danach wieder gut schneiden. Es muss je nach Brotgröße unterschiedlich lange im Ofen bleiben, schau am besten beim ersten Mal alle paar Minuten nach.
- Brotsuppe: Brate klein geschnittene Zwiebeln in Öl an, füge Wasser und noch ein bisschen klein geschnittenes Gemüse wie Kartoffeln oder Karotten hinzu. Lass das Ganze 10 Minuten bei mittlerer Hitze köcheln und gib danach einige Stücke Brot mit ins Wasser. Lass die Suppe so lange köcheln, bis das Brot zerfällt. Danach musst du die Suppe nur noch pürieren – und dann kannst du es dir schmecken lassen.
- Semmelbrösel: Gib dafür das Brot in den Mixer und zerkleinere es so lange, bis die Größe stimmt und du die perfekten Brösel für eine gute Panade hast.

Tipp

Damit mein Brot so lange wie möglich frisch bleibt, lagere ich es in einer Birkenrindenbox.

Früher hat man darin viele Lebensmittel aufbewahrt, da Birkenrindenboxen über viele nützliche Eigenschaften für die Aufbewahrung verfügen. Sie haben eine antiseptische Wirkung, lassen die Luft zirkulieren und wirken wasserabweisend.

Ich habe eine große Box, in die ein Laib Brot passt, und eine kleine Box für Cracker oder Müsliriegel. Du kannst in den Boxen aber auch super Tee oder Kaffee lagern.

Am besten ist es, wenn man die Boxen nicht ganz füllt, damit die Luft noch Platz zum Zirkulieren hat. Reinigen kann man die Boxen auch ganz leicht: Du wischst sie einfach mit einem nassen Lappen aus und lässt sie trocknen. Das sollte man auch jedes Mal machen, wenn man ein neues Brot hineinlegt, damit sich eventuell vorhandene Schimmelsporen nicht auf das frische Brot übertragen. Bei hartnäckigen Flecken kann man auch mit etwas Essig arbeiten.

Cracker

Cracker sind immer ein guter Snack für zwischendurch. Da ich natürlich auf in Plastik verpackte Supermarktprodukte verzichte, mache ich sie selbst und bewahre immer einen kleinen Vorrat zu Hause auf. Ich habe zwei verschiedene Sorten gebacken, deswegen zeige ich dir zunächst das Grundrezept und erkläre dir danach, wie du beim Teig variieren kannst. Bei mir sind 15 Stück entstanden, da meine Ausstechform recht groß ist.

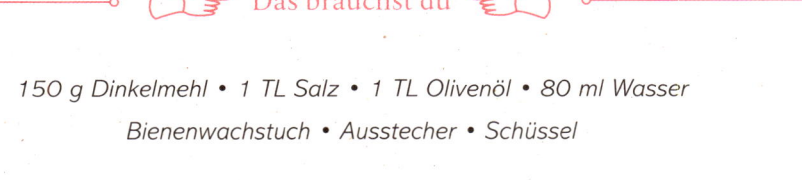

Das brauchst du

150 g Dinkelmehl • 1 TL Salz • 1 TL Olivenöl • 80 ml Wasser
Bienenwachstuch • Ausstecher • Schüssel

So geht's

1. Den Backofen auf 220 °C Ober- und Unterhitze vorheizen.
2. Mehl, Salz, Öl und Wasser in eine Schüssel geben, gut vermengen und ordentlich durchkneten.
3. Etwas Mehl auf das Bienenwachstuch oder eine andere Unterlage streuen und den Teig darauf ausrollen. Wer kein Nudelholz zur Hand hat, kann einfach eine Flasche nehmen. Das mache ich auch immer.
4. Wenn der Teig 3–5 Millimeter dick ist, kannst du mit dem Ausstechen beginnen und die Cracker auf ein Backblech legen. Ich benutze übrigens immer Butterbrotpapier statt Backpapier, da Backpapier oft beschichtet ist.
5. Je nach Dicke brauchen die Cracker 8–10 Minuten im Ofen. Schaut einfach hin und wieder mal nach, wie weit sie schon sind.

MEINE BEIDEN VARIATIONEN

Keltische Kräuter-Cracker

Für diese Cracker habe ich zum Grundteig noch 3 Esslöffel Sonnenblumenkerne, 1 Esslöffel keltische Kräuter und 1 Prise Salz hinzugefügt.

Tomaten-Chili-Cracker

Statt Wasser habe ich passierte Tomaten verwendet und noch 2 Esslöffel Sonnenblumenkerne, 1 Teelöffel Salz und 1 Esslöffel Chili hinzugefügt.

Es gibt natürlich noch viele weitere Möglichkeiten. Bestimmt fallen dir noch weitere Zutaten ein, um den Grundteig zu verändern.

KÜHLSCHRANK-TIPPS

Im nachhaltigen Alltag ist es wichtig, dass wir die Elektrogeräte vernünftig benutzen. Ich achte immer darauf, dass der Kühlschrank richtig eingestellt ist, um Strom zu sparen.

So stellst du deinen Kühlschrank richtig ein

1. Nimm ein Thermometer und lege es in den Kühlschrank. Stelle das Drehrad so ein, dass der Kühlschrank eine Temperatur von 5–7 °C hat.
2. Der Kühlschrank sollte je nach Saison einmal richtig eingestellt werden, da die Leistung natürlich durch die Außentemperatur beeinflusst wird.

Die richtige Kühlschrank-Ordnung

Wie sieht es bei dir aus, wenn du den Kühlschrank aufmachst? Stellst du die Lebensmittel kreuz und quer hinein oder achtest du genau darauf, wo die Produkte ihren optimalen Platz haben? Diese Grafik hilft dir dabei, deinen Kühlschrank nachhaltig aufzuräumen:

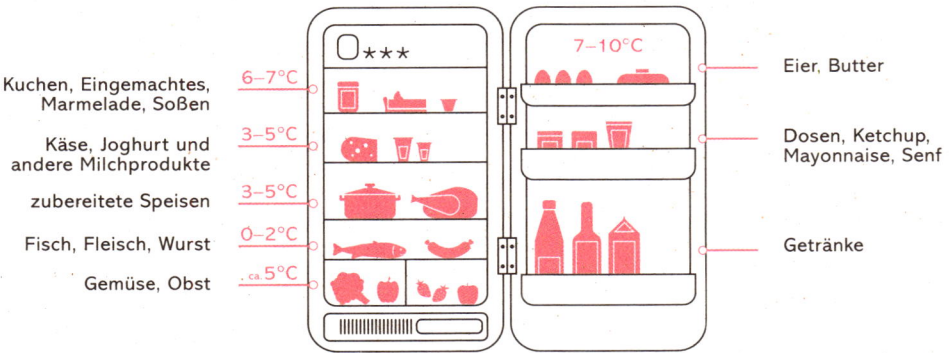

148

Kühlschrank-Kiste

Leider passiert es mir zu Hause immer mal wieder, dass ich Lebensmittel nicht rechtzeitig esse und dann wegwerfen muss. Kennst du das Problem? Ich habe mir dafür etwas überlegt.

Richte dir eine Kiste ein, in die alle bald ablaufenden Lebensmittel kommen.
Ich nehme dafür eine kleine Mandarinenkiste aus Holz. Sie steht bei mir im obersten Fach im Kühlschrank.

Ich lege zum Beispiel Folgendes hinein:
- angebrochene Packungen,
- angeschnittenes Obst oder Gemüse,
- schnell verderbliche Lebensmittel.

Bevor ich mir überlege, was ich kochen könnte, hole ich die Kiste aus dem Kühlschrank. Dann überlege ich mir, wie ich diese Lebensmittel am besten einsetzen kann. Seit ich nach dieser Methode vorgehe, schmeiße ich kaum noch etwas weg.

Feuchte Beutel

Blattgemüse kannst du besonders lange frisch halten, wenn du es mit einem angefeuchteten Stoffbeutel oder Tuch umwickelst und so in den Kühlschrank legst.

PLASTIKFREI EINFRIEREN

Es gibt unterschiedliche Möglichkeiten, um Lebensmittel ohne Plastikbeutel einzufrieren.

Mit einem Stoffbeutel oder einem Tuch

Baumwollbeutel eignen sich zum Beispiel gut zum Einfrieren von Brot. Du wickelst einfach das Brot in den Stoffbeutel und legst ihn dann in das Gefrierfach.

Mit einem Glas

Im Glas lassen sich weiche oder flüssige Lebensmittel sehr gut einfrieren. Damit das Glas bei flüssigen Lebensmitteln nicht platzt, fülle ich nur maximal drei Viertel des Glases und stelle es erst einmal ohne Deckel in das Gefrierfach. Einen Tag später oder sobald alles gefroren ist, schraube ich den Deckel auf. So platzt das Glas auch nicht, wenn du aus Versehen zu viel hineingefüllt hast.

Mit Boxen

Wenn du Glas- oder Edelstahlboxen hast, kannst du sie auch zum Einfrieren benutzen.

Tipp

Wenn ich Suppe vorkoche, verwende ich nur wenig Wasser und koche sie in konzentrierter Form. Dann friere ich sie ein, bis ich sie brauche. Nach dem Auftauen gebe ich beim Kochen das fehlende Wasser hinzu. So sparst du Platz im Gefrierfach.

Gemüsefond

Wenn beim Kochen Gemüsereste wie Kartoffelschalen anfallen, brauchst du diese nicht wegzuwerfen. Für einen Gemüsefond kannst du Schalen und Schnittreste zweitverwerten.

 Das brauchst du

Schnittreste oder Schalen von Gemüse und Kräutern • einen Topf Wasser • ein Baumwolltuch • ein Sieb • ein Schraubglas

So geht's

1. Gib alle Schnittreste und Schalen in einen Topf und gib so viel Wasser hinzu, dass sie gut bedeckt sind.
2. Lass das Ganze bei mittlerer Hitze ½ bis 1 Stunde köcheln. Teste immer mal wieder, wie stark der Geschmack schon ist. Wenn du damit zufrieden bist, kannst du zum nächsten Schritt übergehen.
3. Leg nun das Tuch ausgefaltet in das Sieb. Positioniere das Sieb über dem Glas, in das du die Brühe füllen willst, und schütte vorsichtig die angesetzte Brühe in das Glas.
4. Wenn du möchtest, kannst du die Gemüsebrühe in eine Eiswürfelform füllen und einfrieren. So bleibt der Gemüsefond lange haltbar! Zum Kochen kannst du dann einfach einen Brühe-Eiswürfel aus dem Eisfach nehmen.

Tipp

Bewahre deine Schalen und Schnittreste einfach in einem Baumwollbeutel im Gefrierfach auf. So kannst du abwarten, bis sich genug angesammelt hat, und dann den Gemüsefond kochen.

Fertiggericht im To-go-Becher

Das brauchst du

200 ml heißes Wasser (Menge richtet sich nach der Größe des Bechers)
etwa 1 Handvoll Nudeln (Menge richtet sich nach der Größe des Bechers)
1 TL Gewürzmischung • einen isolierten To-go-Becher mit Deckel

So geht's

1. Koche das Wasser auf.
2. Vermische die Nudeln, die Gewürzmischung und das heiße Wasser im To-go-Becher.
3. Lass die Mischung im Becher abgedeckt etwa 5 Minuten ziehen. Zwischendurch kannst du ein paarmal umrühren.
4. Überprüfe, ob dein Essen schon gar ist, und dann lass es dir schmecken.

Mischungen

Das Prinzip kannst du mit den unterschiedlichsten Mischungen wiederholen. Es ist am wichtigsten, dass du nicht zu dicke Nudeln und Reis nimmst, sodass sie im Becher gut garen können. Je nachdem, wie viel Fassungsvermögen dein Becher hat, ändern sich selbstverständlich die Mengenangaben. Für eine Kräutersuppe nimmst du 2 Esslöffel Buchstabennudeln, 1 Tasse Wasser sowie etwas Oregano, Salz und Pfeffer. Für Couscous brauchst du 4 Esslöffel Couscous, 1 Tasse Wasser und jeweils 1 Prise Salz und Pfeffer. Für einen Frühstücksbrei vermischst du 4 Esslöffel Haferflocken, ½ Tasse Wasser, 1 Teelöffelspitze Zimt und bei Bedarf etwas Zucker oder Honig.

154

»RESTE« VERWERTEN

Kartoffelschalen

Für manche Gerichte eignen sich geschälte Kartoffeln einfach besser, doch dann bleiben Berge von Schalen übrig. Zum Wegwerfen sind sie viel zu schade! Du kannst sie zum Glück noch für einiges verwenden.

Chips

Wohl die leckerste Möglichkeit, um die Kartoffelschalen zu verwenden. Dafür gibst du einfach etwas Öl und Salz in eine größere Schüssel, gibst die Schalen hinzu und mischst die Schalen so lange durch, bis sie alle etwas Salz und Öl abbekommen haben. Dann sind die Schalen bereit für den Ofen. Heize ihn auf 200 °C Umluft vor, verteile die Schalen auf einem Backblech und back sie für 10–15 Minuten im Ofen. Je nach Schalendicke kann die Zeit variieren. Nimm die Chips aus dem Ofen, sobald sie so kross sind, wie du es am liebsten magst.

Oberflächen reinigen

Kartoffeln enthalten Stärke und eignen sich deshalb besonders gut, um Oberflächen aus Edelstahl zu reinigen. Reibe dazu die Oberflächen mit dem Inneren der Schalen ein und lass es einige Minuten einwirken. Wasche nun die Kartoffelstärke mit einem nassen Lappen ab und trockne mit einem Tuch nach. Jetzt glänzt der Edelstahl wieder schön.

Kalk entfernen

Wasserkocher müssen immer mal wieder entkalkt werden und auch in Töpfen können sich Kalkreste ansammeln. Gib 1 Handvoll Kartoffelschalen in den Wasserkocher oder Topf, fülle Wasser dazu und koche es einmal auf. Danach gießt du das Wasser mit den Schalen ab spülst den Kocher oder Topf mit frischem Wasser und trocknest ihn mit einem Lappen.

EIERSCHALEN WEITERVERWENDEN

Flaschen und Karaffen reinigen

Manchmal lassen sich hartnäckige Flecken selbst mit einer speziellen Flaschenbürste nur schwer entfernen. Hast du gerade ein paar Eierschalen übrig, zerkleinere sie und fülle sie mit 1 oder 1 ½ Tassen Wasser in die Flasche. Schüttle die Flasche, bis sich im Flascheninneren alle Flecken gelöst haben. Der Trick funktioniert genauso gut mit Reis oder speziellen Reinigungskügelchen aus Metall.

Düngen

Eierschalen besitzen viele Mineralien. Möchtest du deinen Pflanzen besondere Aufmerksamkeit schenken, zerkleinere die Schalen und mische die Stückchen unter die Erde.

Pflanzen in leeren Schalen ziehen

Du kannst die Saat erst mal in einer leeren Eierschale heranziehen. So hat die Pflanze immer genug Nährstoffe durch die Schale zur Verfügung und kann schnell wachsen.

NUDELWASSER WEITERVERWENDEN

Für Soßen

Nutze dein Nudelwasser gleich weiter für die Nudelsoßen. Die enthaltene Stärke und das Salz binden deine Soßen gut und verleihen ihnen einen leckeren Geschmack.

Blumen gießen

Da das Nudelwasser reich an Mineralien ist, lass es abkühlen und gieß damit deine Pflanzen.

Zum Abwaschen

Durch die Stärke eignet sich das Nudelwasser auch perfekt, um hartnäckige Flecken auf Töpfen und Pfannen nach dem Kochen zu entfernen.

Unterwegs

Unterwegs verursacht man sehr leicht Müll – aber natürlich lässt sich das verhindern. Du brauchst dafür nur deine persönlichen plastikfreien Routinen. Bevor ich morgens das Haus verlasse, gehe ich gedanklich einmal kurz meinen Tag durch und überlege, was ich vorhabe und wo ich mich aufhalten werde. Wenn ich den ganzen Tag unterwegs bin und mir mittags schnell etwas zu essen hole, brauche ich zum Beispiel ein Glas oder eine Box, um mir dort etwas hineinfüllen zu lassen. Und wenn ich nicht gut geschlafen habe und noch einen Kaffee trinken möchte, packe ich meinen To-go-Becher ein. Meine Edelstahlflasche und einen Stoffbeutel zum Einkaufen nehme ich vorsichtshalber immer mit. Du wirst sehen: Mit der Zeit entwickelst du deine eigenen Routinen und wirst immer besser vorbereitet sein. Am Anfang wirst du auch in Situationen kommen, auf die du noch nicht vorbereitet bist. Lass dich davon nicht entmutigen – es dauert eine Weile, bis das plastikfreie Leben auch unterwegs gut klappt. Mit der richtigen Vorbereitung ist es gar nicht schwer, Einwegprodukte zu vermeiden. Sie zählen zu unserer größten und unnötigsten Müllquelle. Der Großteil wird weniger als 20 Minuten benutzt und landet dann im Müll. Wenn du dir aber bewusst machst, dass jedes produzierte Plastikteil in irgendeiner Form immer noch auf unserem Planeten ist, wird schnell klar, dass wir die To-go-Mentalität nicht auf Dauer weiterführen können.

DIE PLASTIKFREIE GRUNDAUSSTATTUNG

- Trinkflasche: Sie begleitet mich überallhin. Läden, in denen du deine Flasche kostenlos auffüllen kannst, findest du auf www.refill-deutschland.de.
- Wiederverwendbarer Strohhalm: Sag bei der Getränkebestellung Bescheid, dass du auf den Strohhalm verzichtest. Dann kannst du entweder ohne Strohhalm trinken

oder deinen wiederverwendbaren verwenden. Es gibt sie aus Edelstahl, Bambus oder Glas.

- Stoffbeutel für To-go-Snacks und zum Einkaufen: Du kannst sie auf viele Handtaschen und Jackentaschen verteilen, dann hast du immer einen dabei.
- Edelstahlbox: Ich nehme mir darin Essen von zu Hause mit. Ich finde sie auch beim Einkaufen praktisch oder lasse mir unterwegs etwas hineinfüllen.
- Einweckglas: Ich habe vorsichtshalber immer eines dabei, da man es für zahlreiche Gelegenheiten verwenden kann. Mehr Tipps dazu findest du auf Seite 164f.

In dieser Rubrik gibt es nicht ganz so viele Anleitungen wie in den anderen. Das liegt einfach daran, dass du den meisten Müll mit dieser Grundausstattung vermeiden kannst.

Checkliste

Was möchtest du unterwegs durch plastikfreie Alternativen ersetzen?

1.

2.

3.

4.

5.

DIYS FÜR UNTERWEGS

Strohhalm-Tasche

Das brauchst du

ein Tuch • Nadel und Faden • eine Schere • einen Knopf

So geht's

1. Miss die Länge deines Strohhalms aus und schneide die Breite des Tuchs dementsprechend lang zu. Füge auf jeder Seite noch 2 Zentimeter Nahtzugabe hinzu.
2. Falte zwei Drittel des Tuchs nach oben und nähe die Stoffenden zusammen.
3. Schneide das Knopfloch in das überlappende Stoffstück. Wenn du möchtest, kannst du das Knopfloch noch mit Nadel und Faden versäubern, damit es nicht ausfranst.
4. Nähe den Kopf mittig an der passenden Stelle an, um die Tasche gut zu verschließen.

Tragetasche aus einem T-Shirt

Das brauchst du

altes gewaschenes T-Shirt • eine Schere

So geht's

1. Schneide Ärmel, Kragen und 2 Zentimeter des Saums von deinem Shirt ab.

2. Schneide in den unteren Rand des Shirts jeweils Fransen mit etwa 4 Zentimeter langen vertikalen Schnitten im Abstand von 1–2 Zentimetern.
3. Verknote jeweils die gegenüberliegenden Zipfel miteinander.
4. Wenn du statt dem fransigen Look einen geraden Bund möchtest, kannst du die Tasche auf links drehen und so die Fransen im Inneren der Tasche verstecken.

EIN GLAS FÜR ALLE FÄLLE

Ein simples Einweckglas ist eines meiner liebsten Zero-Waste-Produkte. Man findet in jedem Haushalt eins und durch seine vielseitigen Einsatzmöglichkeiten lässt sich dadurch eine ganze Menge Müll einsparen, ohne extra etwas Neues kaufen zu müssen.

Du kannst dieses Glas für unzählige Gelegenheiten verwenden, zum Beispiel für …

To-go-Getränke

Wenn du von zu Hause heißes Wasser mitnehmen willst oder dir unterwegs im Café einen Tee oder Kaffee zum Mitnehmen bestellst und den To-go-Becher dafür nicht dabeihast – in diesen Fällen kannst du auch das Glas verwenden. Achte darauf, dass der Deckel richtig aufgeschraubt ist, damit das Glas auslaufsicher ist und du deine Getränke ohne Bedenken transportieren kannst.

Tipp

Hast du vor, ein heißes Getränk mitzunehmen, stülpe doch eine Socke oder etwas Ähnliches über das Glas. So schützt du deine Hände vor der Hitze.

Essen

Entweder du nimmst dir etwas von zu Hause mit oder du gehst zum nächsten Foodtruck und lässt dir das Mittagessen direkt in das Glas hineinfüllen. Das mache ich oft und bisher hat es immer wunderbar funktioniert.

Einkaufen

Einfach das Glas mit an die Frischetheke oder in den Unverpackt-Laden nehmen und dort die Lebensmittel direkt ins Glas hineinfüllen lassen.

FAZIT

Herzlichen Glückwunsch – du bist in deinem plastikfreien Alltag schon weit gekommen. Du hast ganze viele Tipps gelesen, Fakten zum Thema Plastik kennengelernt, Rezepte ausprobiert und deine plastikfreie Grundausstattung erweitert. Nach und nach fällt so immer weniger Plastik in deinem Haushalt an und du lebst viel nachhaltiger.

Ich hoffe, du hattest genauso viel Spaß bei den DIYs wie ich. Ich finde es immer total entspannend, nach einem stressigen Tag nicht auf den Bildschirm oder das Handy zu schauen, sondern schöne Produkte selbst herzustellen. So setzt man sich auch viel bewusster mit den Produkten auseinander. Wenn du etwas noch nicht so gut umsetzen konntest, lass dich nicht entmutigen. Das plastikfreie Leben ist ein Prozess und bis es wirklich mühelos klappt, dauert es länger. Kontinuität ist hier meiner Meinung nach das Wichtigste.

Wenn du neben den DIY-Anleitungen und -Rezepten noch Lust auf weitere Tipps hast, kannst du gerne einen Blick in mein erstes Buch *#Einfach plastikfrei leben* werfen. Schau doch auch mal bei mir auf meinem Instagram-Account @plastikfrei_leben vorbei, dann können wir uns vernetzen und weiterhin austauschen. Ich freu mich auf dich!

CHALLENGE

25 kleine Schritte, um Müll einzusparen

Zum Abschluss kommt noch eine kleine Challenge für dich. Ich habe 25 kleine Schritte aufgeschrieben, mit denen du ganz schnell deinen eigenen Plastikkonsum verändern kannst. Wenn du zwischendurch mal das Gefühl hast, beim plastikfreien Leben nicht weiterzukommen, bekommst du dadurch hoffentlich neue Motivation. Die Liste hilft dir außerdem dabei, nicht zu viel auf einmal zu versuchen, sondern ein Etappenziel nach dem anderen zu erreichen. Noch schöner ist es natürlich, wenn du die Challenge nicht alleine, sondern mit Freunden machst. Dann könnt ihr euch austauschen und gegenseitig motivieren.

Ich wünsche dir ganz viel Spaß und Erfolg bei der Umsetzung!

1. Trinken: Nimm dir morgens immer eine Trinkflasche oder ein Einweckglas mit, damit du im Laufe des Tages keine Plastikflaschen kaufen musst.

2. Unterwegs essen: Lass dir unterwegs dein To-go-Essen in eine Brotzeitbox, einen Stoffbeutel oder ein Einweckglas füllen. Wenn du nichts Passendes dabeihast, kannst du auch nach einem Snack suchen, den du dir »auf die Hand« bestellen kannst. Oder du nimmst dir einfach die Zeit und genießt dein Essen »to stay«.

3. Stoffbeutel mitnehmen: Ob für den Einkauf von Obst, Gemüse und trockenen Lebensmitteln oder um die Bäckertüte zu ersetzen – es ist immer nützlich, ein bis zwei kleine Stoffbeutel dabeizuhaben.

4. Coffee to go: Wenn du weißt, dass du dir auf dem Weg ein heißes Getränk mitnehmen möchtest, pack dir deinen Becher ein oder bring e'n bisschen Ruhe in deinen Tag und genieße es »to stay«.

5. Strohhalm abbestellen: Schau dich einmal kurz im Restaurant um, ob die Getränke mit Plastikstrohhalmen serviert werden. Falls das so ist, bestell dein Getränk ohne Strohhalm.

6. Einkauf planen: Bereite schon daheim deinen plastikfreien Einkauf vor und schreibe dir eine Liste mit allen Lebensmitteln, die du brauchst. So

vermeidest du, dass du Lebensmittel kaufst, die du noch zu Hause hast. Außerdem vermeidest du Lebensmittelmüll und Verpackungen. Durch die Liste weißt du auch genau, wie viele Stoffbeutel und Boxen oder Einweckgläser du mitnehmen musst.

7. Nachhaltig einkaufen: Suche bei dir in der Nähe nach plastikfreien Einkaufsmöglichkeiten. Das können zum Beispiel sein: Unverpackt-Laden, Markt, Hofladen, Obst-und-Gemüse-Stand, Bäcker, Käseladen, internationale Lebensmittelgeschäfte, Metzger, Chocolatier, Kaffee- oder Teeladen, Gewürzgeschäft.

8. Hilfreiche Plastikfrei-Liste: Wenn du in deinem Viertel gute Geschäfte siehst, in denen du Plastikfreies und Unverpacktes bekommst, notiere sie dir in einer Liste. Dann findest du die Läden immer wieder.

9. Lebensmittel selbst machen: Fertigprodukte sind oft mit einer großen Menge Müll verbunden, mache deshalb ab jetzt so viel wie möglich selbst. Probiere doch mal mein Cracker-Rezept aus (siehe Seite 146f). Oder hast du Lust auf ein selbst gebackenes Brot (siehe Seite 142ff.)?

10. Retten statt kaufen: Du kannst Lebensmittel retten, die in einem Lokal übrig bleiben. Für Foodsharing gibt es zahlreiche Apps wie zum Beispiel SIRPLUS, Foodsharing oder To Good To Go. Probiere es doch mal aus!

11. Überblick behalten: Bei übereinandergestapelten Tüten und Packungen übersiehst du leicht etwas. Versuche deshalb, deine Vorräte daheim möglichst gut sichtbar in die Regale zu stellen. Mir hilft es, wenn ich sie in Einweckgläsern lagere. Dann ist auf den ersten Blick klar, was sich darin befindet und wie viel ich noch davon habe.

12. Goodbye, Mikroplastik: Scanne deine Produkte daheim mit der Codecheck-App. Wenn sie Mikroplastik enthalten, entsorge sie lieber. So verhinderst du, dass das Mikroplastik direkt in unser Abwasser gelangt.

13. *Fest statt flüssig: Du kannst viel Verpackung einsparen, wenn du statt flüssigen Produkten feste Varianten verwendest. Versuch doch mal, deine eigene Seife herzustellen (siehe ab Seite 68)!*

14. *Keine Gegenstände aus Synthetik mehr: Verzichte wenn möglich komplett auf Kleidungsstücke, die Synthetikfasern enthalten. Ob Lycra, Nylon, Polyester oder Viskose: Bei diesen Kunstfasern brechen bei jeder Wäsche Faserstücke ab, die du mit dem bloßen Auge nicht sehen kannst. Wenn du synthetische Kleidungsstücke besitzt, solltest du sie nur in einem Waschbeutel waschen. Er verhindert, dass während des Waschgangs Mikroplastik ins Abwasser gelangt.*

15. *Qualität statt Quantität: Wenn du dich für ein Produkt entscheidest, achte auf die Qualität. Die Materialien und die Verarbeitung sind wichtiger als ein besonders günstiger Preis. Die günstige Wahl ist auf lange Sicht oft teurer, da diese Produkte schneller kaputtgehen.*

16. *Reparieren statt entsorgen: Wenn etwas kaputtgegangen ist, wirf es nicht gleich weg. Repariere es entweder selbst oder lass dir von einem Profi helfen. Es gibt auch Repair-Cafés, wo du defekte Dinge zusammen mit Experten reparieren kannst. Vielleicht gibt es ja eins in deiner Nähe?*

17. *Secondhand: Es muss nicht immer etwas ganz Neues sein. Viele Produkte findest du auch aus zweiter Hand. Das ist ressourcenschonend und du sparst dabei Geld.*

18. *Do it yourself: Mit den Anleitungen aus dem Buch fällt dir das plastikfreie Leben noch viel leichter. Du sparst jede Menge Verpackungsmüll und günstiger ist es auch.*

19. *Teilen, ausleihen und tauschen: Oft brauchst du ein besonderes Kleid oder ein bestimmtes Werkzeug nur einmal oder ganz selten. Bevor du dir so*

etwas Spezielles kaufst, kannst du dich erkundigen, ob du es nicht teilen, tauschen oder leihen kannst.

20. Upcycling: Fällt bei dir daheim Müll an, der sich nicht gut entsorgen lässt? Dann schau doch mal, ob du die Produkte für andere Zwecke upcyceln kannst. Aus meinen Zahnbürstenstielen mache ich zum Beispiele Schilder für meine Küchenkräuter (siehe Seite 104f.).

21. Ausmisten nicht vergessen: Lass unbenutzte Sachen nicht verstauben, sondern verkaufe sie weiter, schenke sie Personen, die sie gut gebrauchen können, oder spende sie an wohltätige Organisationen.

22. Müll richtig trennen: Fällt bei dir doch mal Müll an, dann achte darauf, dass du ihn richtig entsorgst. Er sollte im besten Fall recycelt und weiterverarbeitet werden können.

23. Zeit für einen Clean-up: Nicht nur beim eigenen Müll kannst du etwas verändern. Wenn du Plastikteile auf der Straße, im Park, am Strand oder anderswo herumliegen siehst, starte doch mal einen Mini-Clean-up. Trag den Müll zum nächsten Mülleimer, dann wird er nicht weiter in die Natur getragen, verletzt keine Tiere und landet nicht in unserem Wasserkreislauf. Gemeinsam seid ihr stärker: Große Clean-ups in einer Gruppe lassen sich zum Beispiel durch die App letsact organisieren.

24. Feedback geben: Hast du ein Produkt, das du gerne mit plastikfreier Verpackung sehen würdest? Du kannst es mit der App ReplacePlastic scannen. Die Kundenwünsche werden gesammelt und die Macher der App schreiben E-Mails an die entsprechenden Firmen.

25. Tausch dich aus: Zusammen macht es mehr Spaß, plastikfrei zu leben. Verbündete bei deinem Vorhaben findest du online in Social-Media-Gruppen, es gibt aber auch in vielen Städten Plastikfrei-Stammtische.

NACHHALTIGER DRUCK

Dieses Buch ist besonders umweltfreundlich – es besteht nämlich aus Apfelresten. Wie das möglich ist? In Europa fallen jedes Jahr mehr als 400 000 Tonnen Fruchtabfälle an. Dieser Trester musste bisher entsorgt werden, da er aufgrund der Pilzgefahr weder auf dem Feld landen darf noch als Tierfutter eingesetzt werden kann. Die Firma Eco apple hat 2003 ein innovatives Verfahren entwickelt, um aus den Pressrückständen der Apfelsaftproduktion ein biologisch abbaubares Naturpapier herzustellen.

Das Cartamela-Apfelpapier stammt aus Südtirol, einem der größten Apfelanbaugebiete Europas. Dort fällt jährlich sehr viel Trester an, der von der Firma Frumat aus Bozen getrocknet und zermahlen wird und danach zusammen mit chlorfrei gebleichter, FSC-zertifizierter Zellulose zu Apfelpapier weiterverarbeitet wird. Es ist genauso widerstandsfähig wie herkömmliches Papier und lässt sich genauso gut bedrucken, aber es hat eine ganz eigene feine Struktur. Wenn du ein Produkt aus Apfelpapier in der Hand hältst, merkst du gleich, dass es sich um etwas Besonderes handelt.

Doch das ist noch nicht alles: Bei der Papierherstellung wird nur erneuerbare Energie (RECS-zertifiziert) verwendet, ein wichtiger Beitrag, um CO_2-Emissionen zu verringern. Eine neue Generation Papier, die perfekt zu diesem Buch passt!

DANKSAGUNG

An dieser Stelle möchte ich dir danken. Danke, dass du mein Buch gelesen hast. Danke, dass du dir Gedanken machst, wie auch du etwas zum Umweltschutz beitragen kannst. Danke, dass du den ersten Schritt gehst und andere mit deinem positiven Vorleben inspirierst und sie daran erinnerst, dass jeder einen Unterschied machen kann. Schön, dass du dabei bist und Teil dieser tollen plastikfreien Community bist!

REGISTER

SINN SUCHER

Dein erfülltes Leben beginnt jetzt

Lust, gleich loszulegen?

Der **ONLINE-PRAXISKURS** von und mit Charlotte für alle, die ihr Wissen vertiefen und im Alltag leben möchten!

- Alle Plastikfrei-Basics verständlich im Video erklärt
- DIY-Videos: Vom Duschgel über Bienenwachstücher bis hin zum Putzmittel

Online-Kurs
SOFORT STARTEN!

www.sinnsucher.de/einfachplastikfreileben

IMPRESSUM

1. Auflage
Copyright für die deutsche Ausgabe: © 2020 by Südwest Verlag, einem Unternehmen der Verlagsgruppe Random House GmbH, Neumarkter Straße 28, 81673 München

Alle Rechte vorbehalten. Vollständige oder auszugsweise Reproduktion, gleich welcher Form (Fotokopie, Mikrofilm, elektronische Datenverarbeitung oder durch andere Verfahren), Vervielfältigung, Weitergabe von Vervielfältigungen nur mit schriftlicher Genehmigung des Verlags.

Sollte diese Publikation Links auf Webseiten Dritter enthalten, so übernehmen wir für deren Inhalte keine Haftung, da wir uns diese nicht zu eigen machen, sondern lediglich auf deren Stand zum Zeitpunkt der Erstveröffentlichung verweisen.

Hinweis: Das vorliegende Buch ist sorgfältig erarbeitet worden. Dennoch erfolgen alle Angaben ohne Gewähr. Weder Autorin noch Verlag können für eventuelle Nachteile oder Schäden, die aus den im Buch gegebenen Hinweisen resultieren, eine Haftung übernehmen.

 Dieses Buch wurde auf biologisch abbaubarem „Apfelpapier" gedruckt. Rohstoff für das Papier *Cartamela* sind Apfelreste (Trester) aus der apfelverarbeitenden Industrie. Zur Papierherstellung wird nur erneuerbare Energie (RECS-zertifiziert) verwendet, ein Beitrag zur Verringerung von CO_2-Emissionen. Geliefert wird *Cartamela* von Frumat, Bozen.

Projektleitung: Nina Sahm
Redaktion: Susanne Schneider
Layout und Illustrationen: Josefine Britz
Satz: Satzwerk Huber, Germering
Bildredaktion und Leitung der Fotoproduktion: Sabine Kestler
Fotografie: Alle Fotos stammen von Susanne Krauss, mit Ausnahme von:
U1 (o. re., Mi. li.), 62, 103 (re.), 143: Charlotte Schüler
U1 (u. li.): Tasha Cherkasova (Shutterstock)
S. 83: igishevamaria (Adobe Stock)

Wir danken Lieblingsglas (www.lieblingsglas.de) für die freundliche Unterstützung der Fotoproduktion.
Umschlaggestaltung: Vera Schlachter, München
Litho: Longo AG, Bozen
Druck und Bindung: Longo AG, Bozen
Printed in Italy

ISBN 978-3-517-09865-4
1. Auflage 2020
www.suedwest-verlag.de